Des Iles à la Métropole, confessions d'un Antillais

Ednard PYRÉE

ISBN : **1517207436**
ISBN-13 : **978-1517207434**

AVANT-PROPOS.

A travers « Des Iles à la Métropole, confessions d'un Antillais », Ednard Pyrée se penche d'une manière toute personnelle, mais très sincère, sur les rapports compliqués et en même temps très passionnés entre les Antilles, l'Afrique et la Métropole.

Au fil des étapes de son propre itinéraire, celui d'un jeune Guadeloupéen, arrivé en France via un service baptisé maladroitement, mais peut-être innocemment, le Bumidom (bureau de migration des départements d'Outre-mer), l'auteur joue la carte du « parler vrai » au risque de heurter bon nombre de sensibilités, aussi bien chez les Français qu'au sein de la population antillaise. C'est une évidence, l'esclavage a fait des ravages et les plaies sont, qu'on l'admette ou non, encore loin d'être cicatrisées. Malgré ces douloureuses traces du passé, Ednard Pyrée, a l'intime conviction que l'Antillais refuse et refusera toujours de demander des comptes à la France.

Les Domiens tentent de vivre avec ce passé, en ayant cependant le sentiment, à tort ou à raison, de ne pas être considérés comme des français à part entière. Ce livre s'adresse aux Antillais de Métropole ainsi qu'à ceux qui résident dans les départements et territoires d'Outre-mer. Il entend également dépasser, dans cette période difficile, les clivages qui existent entre les peuples.

SOMMAIRE

Remerciements

1 L'Enfance   Page 1

2 Le silence des anciens   Page 5

3 L'exaspération   Page 12

4 Les rencontres   Page 18

5 L'apprentissage   Page 26

6 L'intégration   Page 33

7 Evolution et Mentalité   Page 45

8 Développement désordonné   Page 51

9 Le défi du vivre-ensemble   Page 64

10 L'incompréhension   Page 95

11 Conclusion   Page 111

REMERCIEMENTS PERSONNELS DE L'AUTEUR.

Cet ouvrage est tout particulièrement dédié à mon père, qui nous a quittés, voila déjà plus de 11 ans, hélas. A ma mère, âgée aujourd'hui de 94 ans et vivant toujours sur l'ile de Marie-Galante, qui essaie malgré son grand âge, de maintenir une certaine cohésion entre tous ses enfants. Sa santé déclinant, il est difficile de lui faire raconter des choses qu'elle aurait pu apprendre de ses parents et surtout de ses grands parents sur cette période sombre de notre histoire.

Je veux aussi dédier cet ouvrage à mon ami Serge connu au petit séminaire et disparu trot tôt dans un accident de moto. Un fils de béké avec lequel j'ai vécu des moments très forts et que je n'oublierai jamais.

Enfin, comment oublier mon vieux complice de toujours, lui, aussi, fils de béké et rencontré sur les bancs de l'école au petit séminaire de Gourbeyre, à la Guadeloupe : Arnaud Souquet-Basiège, sans lequel ce livre n'aurait certainement pas vu le jour. Qu'il en soit remercié.

Des Iles à la Métropole, confessions d'un Antillais

1. L'ENFANCE

Né sur l'ile de Marie-Galante dans une famille d'agriculteur, j'avoue avoir vécu mes toutes premières années dans l'insouciance la plus totale, dans un cadre familial aimant pour qui, le bien-être des enfants, nous sommes sept garçons et trois filles, était une priorité. Mes parents devaient travailler sans relâche pour tenter de subvenir aux besoins d'une aussi grande fratrie. Nous nous rendions à pied à l'école du village pour ne rentrer que tard dans la soirée. Il faut dire que nous n'habitions pas très près des établissements scolaires ce qui nous demandait pas mal d'effort pour accéder au savoir. Pour autant nos journées étaient loin d'être terminées, il nous restait à faire d'innombrables corvées, nourrir et abreuver les animaux de la ferme avant de passer à nos travaux scolaires.

Ma mère était très attentive à ce que nos leçons soient bien apprises, elle ne tolérait aucune désinvolture à ce sujet. Pour les vacances scolaires, nous restions à la maison. Le seul moyen pour nous de nous évader était lorsque mon père nous emmenait le samedi prendre un bain de mer, ce qui n'arrivait que très rarement, parce qu'il travaillait à l'usine comme contrôleur à la fabrication du sucre tout en s'occupant de ses propres champs.

Mon père possédait quelques bœufs et cochons sans oublier volailles et ovins qui nous permettaient de manger de la viande à moindre cout. Comme nous, mon père n'avait jamais assez de ses journées, pour assumer toutes ses obligations, à noter qu'en plus de tout cet ouvrage, il lui restait encore à cultiver et à récolter la canne à sucre. Plusieurs fois l'an, il lui arrivait même de faire abattre des cochons élevés sur la ferme, pour ensuite les vendre au kilo aux voisins et à ses connaissances.

Ma mère de son coté partait quelquefois sur le marché de grand-bourg de Marie-Galante pour vendre avocats, pois d'angole ou encore quelques tomates. Ce petit commerce que pratiquaient beaucoup de gens sur l'ile leur permettait de payer leurs traites et d'offrir un petit plus à leur progéniture surtout au moment des fêtes de Noël et de Pâques.

Je dois reconnaitre que nous n'étions pas bien riches. Les habits des plus grands revenaient aux plus jeunes. Très souvent nous étions habillés avec les mêmes vêtements. Cela ne nous dérangeait pas, mais les autres se moquaient un peu, beaucoup de nous. Les bagarres faisaient souvent suite à ces petites moqueries. Peut-on pour autant parler de grande pauvreté comme on l'entend aujourd'hui en ce qui nous concerne ? Je ne le pense pas. Nous mangions à notre faim et tous les arbres fruitiers qui entouraient notre maison nous permettaient de nous alimenter même si mon père a toujours couru après le temps et aussi l'argent…

Tout cela ne nous empêchait pas de vivre de

merveilleux moments entre nous, on s'inventait des jeux où nous devenions des héros imaginaires où tout nous devenait possible. Nous avions la chance de pouvoir jouir d'un cadre de vie exceptionnel entre campagne et forêt. Il est vrai que l'on ne connaissait pas autre chose que notre mode de vie mais cela ne nous empêchait pas de nous interroger sur ce qui se passait autour de nous, voir au-delà.

Maison d'habitation familiale.

Face à la maison, bouchant notre horizon, une ferme expérimentale de plusieurs hectares faisait travailler un nombre impressionnant d'ouvriers agricoles, qui malgré tout, peinaient comme nous à joindre les deux bouts. Chaque matin, à l'aube, je voyais le ballet incessant de travailleurs franchir les grilles de l'exploitation pour travailler la terre, s'occuper des bovins et s'adonner à un peu de maraichage sous l'œil vigilant d'un métropolitain. Cet homme à l'époque se déplaçait dans une grosse voiture de style américain que seuls les gros propriétaires terriens avaient les moyens de s'offrir. Il y avait que peu de véhicules sur l'ile et encore moins à Capes terre de Marie-Galante.

Du haut de mon jeune âge je commençais à comprendre qu'en fonction de la couleur de peau, tous les hommes n'étaient pas égaux. Pourquoi lui en voiture et les autres à pied ? Pour les moins pauvres une charrette tirée par deux taureaux était une aubaine. Bien sur aucune réponse ne m'était donnée et ce n'est que quelques années plus tard que j'ai fini par comprendre. Mes parents eux n'ont jamais fait allusion à quoi que ce soit sur ce sujet, il faut dire que dans ma famille on parle de beaucoup de choses mais jamais du passé.

2. LE SILENCE DES ANCIENS

A cette époque, le mot « esclavage » m'était étranger, pourtant nous avons dans notre famille des ''chabins'' à la peau claire et aux cheveux crépus, des noirs à la peau bien foncée « couleur cirage » comme l'on entend souvent dire aux Antilles sans oublier les métis. Tout cela me laissait songeur !!!

Dans l'insouciance de mes jeunes années, ce mélange ne m'interpellait guère, on prenait les gens tel qu'ils étaient, sans porter aucun jugement. Bien plus tard je découvrais par le plus grand des hasards que la terre cultivée par mon père appartenait encore aux propriétaires de ces usines à broyer la canne. J'étais scandalisé, la terre si durement cultivée par mon pauvre père appartenait encore aux blancs : surnommés les békés, ces descendants de colons, nés sur place, sont encore environ 2000 a vivre en Guadeloupe.

On peut affirmer sans risque d'être démenti que certains ont conservé la mentalité des « seigneurs » avec toujours dans « l'esprit le droit de vie et de mort sur leurs esclaves ».

Récolte de la canne à sucre.

Ancienne usine à broyer la canne.

Ces békés détiennent aujourd'hui encore l'essentiel de la richesse de la Guadeloupe à savoir les bananeraies, les distilleries, règnent sur l'import-export et la grande distribution. Ils sont incontournables.

Très conservateurs, ils vivent en vase clos, ne se mélangent aucunement avec les noirs. Les mots : « négocier, partager ne font pas partie de leur vocabulaire, ils estiment au contraire que donner du travail aux insulaires, c'est déjà beaucoup ». A quoi servirait de leur donner un salaire décent ? Puisqu'ils n'ont vécu jusqu'à présent que de miettes, qu'on avait la générosité de leur jeter. Ils sont tous membres influents du patronat local donc tout puissant.

Une timide ouverture voit le jour, avec la mise en vente d'une partie des terres et des usines suite à l'effondrement des cours du sucre de canne. C'est à ce moment là que mon père nous annonce qu'il doit trouver l'argent nécessaire au rachat des terres qu'il cultive. Etonné je lui demandais s'il était prioritaire pour les acquérir ? « Mon petit, me dit-il, si je ne trouve pas les moyens financiers très rapidement, c'est quelqu'un d'autre qui va les acheter et nous serons obligés de partir ». Le mot partir résonne aujourd'hui encore dans ma tête… Les békés n'attendent pas me dit encore papa !!!

A partir de cet instant tout se bouscule dans ma tête, je ne trouve plus le sommeil, j'ai peur de tout, mes nuits sont entrecoupées de sanglots, avec le recul, je peux aujourd'hui l'avouer sans honte.

Nous vivions dans une maison construite par mes parents, j'avais suivi la construction puis l'aménagement et enfin quelques années plus tard l'agrandissement. Pourquoi avoir autant investi sur un terrain qui ne nous appartenait pas même s'il s'agissait de donner un certain confort à ses enfants ?

Les autres familles noires autour de nous vivaient-elles la même situation ? Je me renseignais auprès de mes petits copains et je découvrais qu'ils se trouvaient dans la même désespérance que nous. Tout appartenait aux blancs. Quelle injustice, ces gens qui souffraient en silence, personne n'osait se rebeller ni crier sa colère, son désespoir. J'apprenais plus tard, que certains résistaient, se battaient sur le plan politique et syndical pour tenter d'améliorer le sort de leurs semblables.

Les gouvernements français qui se succédèrent restaient sourds aux revendications des guadeloupéens avec toujours la même réponse : "plus de gendarmes et de gardes mobiles". Ils intervenaient sans ménagement pour maintenir et rétablir l'ordre sur l'ile.

Au fond ce qui me gênait dans toute cette histoire, c'est que nos anciens, n'ont jamais voulu raconter l'esclavage aux générations suivantes. Pour quelle raison ce silence ? Dans le regard de nos vieux on pouvait deviner les ravages causés par des siècles de colonialisme.

On ressentait une certaine mélancolie qui mettait les plus jeunes d'entre nous mal à l'aise. Les comportements coloniaux sont toujours omniprésents, comment digérer ce passé qui nous hante aujourd'hui encore, comment dominer la violence du colonialisme ? Quand les « rois nègres » nous livraient aux colons pour faire du troc sans état d'âme nous ne sommes pas étonnés que les africains nous traitent aujourd'hui encore toujours avec un certain mépris, pour eux nous ne sommes que des bâtards. Ils oublient ou font semblant d'ignorer que notre histoire est commune et que si nous avons échoué sur une autre rive, ce n'est pas par plaisir, c'est simplement parce que leurs ainés nous ont un jour livré à des barbares.

Un jour viendra ou ce peuple Guadeloupéen né sous X se réveillera et prendra son destin en main. Il lui faut d'abord assumer ce passé d'esclave si douloureux (l'abolition de l'esclavage date seulement de 1848). La France, il faut le rappeler, a pratiqué l'esclavage dans ses colonies des Antilles et de l'océan indien pendant plus de trois siècles. Les victimes de ce commerce triangulaire se chiffrent par millions, de cela les livres d'histoire ne retiennent que l'abolition de l'esclavage par Victor Schœlcher. Un homme politique français, qui après de nombreuses difficultés, finit par faire triompher son combat en faveur de l'égalité entre tous les hommes.

De rares hommes et femmes politiques antillais ont levé un coin du voile, par leurs travaux, nous faisant ainsi découvrir, cette histoire non par sa fin mais par son commencement. Combien sont ceux qui se sentent concerner par leurs conclusions ? Combien ont entendu parler du code noir, ce texte promulgué par Louis XIV, en 1685, l'année de la révocation de l'Edit de Nantes, confirmé et aggravé en 1724 et qui réglementait l'esclavage aux Antilles et en Guyane. Celui-ci règle le génocide le plus glacé de la modernité, un génocide que la France a choisi d'ignorer. Des millions de morts, est-ce bien grave, si ce sont des noirs ? Des millions d'esclaves, faut-il s'en souvenir, si ce sont des nègres ? On découvre aussi la façon dont s'est construite peu à peu la justification du système. Le fondement principal du travail servile est économique.

En revanche la réalité économique est enveloppée dans un appareil idéologique dont la religion est l'une des armatures. « On ne peut pas nous reprocher d'asservir des êtres humains en les achetant en Afrique puisque nous les arrachons aux ténèbres de leur paganisme et en les baptisant, nous leur donnons la lumière ».

Bossuet, homme d'église, prédicateur et écrivain, dans son avertissement aux protestants a réussi à démontrer que l'esclavage était justifié par l'Ancien Testament. Que disait cet homme ? « Condamner l'esclavage reviendrait à condamner le Saint Esprit, qui ordonne aux esclaves par la bouche de Saint Paul de demeurer en leur état et n'oblige pas le maitre à les affranchir ». Le Christianisme a joué un rôle important dans ce crime contre l'humanité.

Est-il pour autant le grand responsable de tout ? Les choses sont beaucoup plus complexes. Au XVIe siècle, les papes ont condamné l'esclavage et au cours de la deuxième moitié du XVIIe, les premiers abolitionnistes sont apparus chez les chrétiens, particulièrement chez les protestants anglais. Notons au passage que les juifs et les protestants étaient, eux, exclus de la traite. L'esclavage est à jamais indéfendable car vicié dès le départ par un principe qu'il n'a jamais abandonné : le racisme.

Pour preuve, cette exclamation de Jules Ferry lors d'un débat parlementaire sur la politique coloniale en 1885 : ''Les races supérieures ont des droits parce qu'elles ont des devoirs, le droit de civiliser les races inférieures''.

On a longtemps fait croire qu'une joyeuse fraternité régnait entre tous dans les colonies mais il faut se rendre à l'évidence sur ce qu'il en était réellement. Le travail forcé, les corvées et la privation de toute liberté pour les peuples asservis. Interdiction de se réunir, de se défendre et même de circuler. Après avoir aboli l'esclavage, l'Etat Français a payé les colonialistes pour la perte de leur main d'œuvre gratuite, ces fonds ont été utilisés par ces békés pour conforter leur fortune et leurs privilèges.

Ces nouveaux affranchis, n'ont rien reçu, pourtant ils ont été les victimes d'un viol collectif et permanent du corps et de l'esprit à travers l'esclavage.

Cent soixante sept ans après le décret, la situation reste tendue entre les deux clans et les principes républicains (la déclaration universelle des droits de l'homme) n'ont pas vraiment caressé nos rives.

La France n'a toujours pas donné aux antillais leur véritable place dans la conduite des affaires.

L'histoire du général Thomas Alexandre Davy de la Pailleterie dit le général Dumas est exemplaire en ce sens. Ce descendant d'esclaves et père de l'écrivain du même nom a été balayé par la tornade Napoléonienne. Ce grand soldat, officier héroïque, fut le premier homme de couleur à atteindre les sommets de l'Etat. Victime du racisme de l'Empereur et de sa jalousie il sera mis à la retraite, privé de toute pension et n'aura jamais la légion d'honneur alors que tout le désignait pour obtenir cette distinction.

« Il a risqué sa vie soixante fois pour la France mais il est mort pauvre » disait de lui Anatole France. Ne serait-il pas temps aujourd'hui de réparer cette injustice ?

3. L'EXASPÉRATION

Chaque année, depuis peu, les vingt six et vingt sept mai la Guadeloupe célèbre la révolte des esclaves de 1802, mais on oublie malheureusement de faire la lumière sur la répression policière d'un certain vingt six mai 1967.

Une certaine ressemblance relie ces deux événements, les mêmes ingrédients produisant les mêmes effets. Souvenirs douloureux que la grande majorité des guadeloupéens ont encore en mémoire. L'ordre devait régner à tout prix. Mais que veulent donc ces noirs ? Ont-ils oublié d'ou ils viennent et ce qu'ils ont déjà subi ? On ce chargera de leur rappeler.

Que s'est-il réellement passé ce vingt six mai 1967 ?

Dans la capitale commerciale, une grève des ouvriers du bâtiment dégénère, jusque dans les rues de Pointe à Pitre, des CRS arrivent place de la victoire, et tirent. Un jeune manifestant anonyme tombe sous les balles, ce sera le coup d'envoi d'une longue série de victimes.

Les affrontements se déroulent dans toute la ville :

cailloux contre gaz lacrymogènes, pour ces pauvres bougres, un combat perdu d'avance.

En fin d'après-midi les CRS quittent la place, remplacés par les képis rouges à savoir les gardes mobiles, qui prennent position. Pas de quartier, ils tirent, matraquent. Les guadeloupéens ont peur, se barricadent chez eux, empêchent leurs fils de sortir. Les dernières informations font état de nombreux blessés, emmenés à l'hôpital général, beaucoup meurent. Les médecins font ce qu'ils peuvent pour extraire une balle, pour réparer une jambe, pour sauver des vies !!!

Le gouvernement français déconseille fermement aux familles des victimes de porter plainte. Un climat de terreur s'installe.

En métropole tout le monde est informé mais personne n'intervient pour stopper cette tragédie qui se joue à 7000 kilomètres de Paris. Quel exemple donne cette France qui se prétend défendeur des Droits de l'Homme et qui fait massacrer ses propres enfants ?

Pourquoi un silence aussi lourd, aussi pesant ? Gendarmes et CRS, partout, intimident, convoquent et menacent.

Le travailleur noir n'a-t-il pas les mêmes droits que ces compatriotes métropolitains : le droit de grève, de manifester et de réclamer de meilleures conditions de travail et de salaire. Officiellement, le gouvernement d'alors, via la préfecture de Basse Terre, capitale de l'ile, parle de huit morts. En vérité, il faudra attendre 1985 pour entendre Serge Lemoine, Secrétaire d'Etat chargé des Départements et Territoires d'Outre Mer, membre du gouvernement de François Mitterrand, annoncer un chiffre de quatre vingt sept morts.

Jusqu'à cette date, rien n'avait filtré. Cet épisode peu glorieux pour les Métropolitains est à oublier, en revanche les Guadeloupéens dans leur majorité n'oublient rien et tentent de vivre avec. Dans la foulée, un petit groupe d'indépendantistes baptisé, « union pour l'indépendance de la Guadeloupe » s'est emparé du dossier et réclame justice. A partir de cette date l'ambiance change radicalement tant à Pointe à Pitre qu'à Basse Terre, les deux grandes métropoles. Tout devient prétexte à tension entre les différentes communautés, de jeunes Guadeloupéens membres du Gong (groupe proche des Maoïstes) favorables à l'indépendance tentent de se faire entendre. Ils refusent de baisser les armes, face aux descendants des colons, ceux-là même, qui en leur temps, n'ont cessé de fouetter leurs aïeux. Inconsciemment, ne cherchent ils pas à venger ceux qui n'avaient aucun droit, hormis celui de courber l'échine et de se taire ?

Pendant ce temps, tous ceux qui étaient désignés comme fauteurs de trouble sont arrêtés, expédiés en prison en métropole. Beaucoup revenaient « les pieds devants » comme on disait à l'époque, à savoir dans des cercueils. Aucune explication n'était donnée aux familles : « il est mort de froid entendait-on dire de temps en temps ».

J'ai toujours en mémoire le désespoir du cousin germain de ma mère dont le gendre lui a été ramené de cette façon. Le jeune homme, qui sortait tout juste de son travail, avait été arrêté avec quelques autres dans les rues de Basse Terre. Sans aucune forme de procès, il a été expédié en métropole et même mon cousin n'a rien pu faire pour le sortir de là. Et pourtant, il travaillait dans l'administration des postes et avait deux fils qui jouaient au plus haut niveau, dans des clubs de football, ce qui lui faisait côtoyer quelques hauts dignitaires. On savait ce qui se passait dans les geôles françaises mais rien ne venait du coté des officiels et quand les langues finissaient par se délier, nous apprenions que les prisonniers étaient battus, torturés, pour qu'ils dénoncent d'éventuels complices restés sur l'ile. Les policiers les interrogeaient sans relâche, nuit et jour, afin de les faire craquer. Nous avions aussi compris qu'en rapatriant les morts c'était pour l'Etat français une façon de donner à réfléchir aux petits groupes d'indépendantistes qui ne cessaient de s'agiter et qui commençaient à s'en prendre aux forces de l'ordre.

Du coté des partis politiques locaux ils sont tous aux abonnés absents : La question de l'indépendance brandit par les groupuscules autonomistes les dérange. Les habitants commencent à s'interroger sur leur appartenance à la mère patrie. Sommes-nous des Français de seconde zone ? Sur l'ile les portes des administrations nous sont toujours fermées. Si vous désirez devenir fonctionnaires vous devez passer un concours, une fois réussi vous devez obligatoirement vous envoler pour la métropole. Stage de mise à niveau et obtention d'un lieu d'affectation vous éloignaient de votre famille et vous obligeaient à rester définitivement sur le continent.

Pour entrer dans la police, la gendarmerie ou encore dans les centres hospitaliers universitaires, en Guadeloupe ou en Martinique, c'était mission impossible. La consigne était claire : pas de recrutement sur place ; les postes sont réservés exclusivement aux agents venant de Métropole. Ils avaient tous droit à un logement de fonction avec bien entendu une prime de vie chère c'est-à-dire une aide financière d'éloignement.

Tout cela finit par pousser la population Antillaise à parler d'une certaine forme de « ségrégation ». En Métropole les gens s'intéressent au malaise ambiant qui agite les Etats Unis entre la population blanche et noire et aussi à ce qui se passe en Afrique du Sud mais ils semblent ou font semblant d'ignorer ce qui se déroule dans cette ile française. On commence à assister à un rejet de tout ce qui vient du « pays des blancs ».

Le malaise est si profond qu'il oblige certains agents métropolitains à s'interroger sur le bien fondé de cette politique. A Paris, dans les préfectures et sous-préfectures, on ne cherche pas l'apaisement, bien au contraire…

« Ils commencent à nous fatiguer sérieusement ces danseuses de la République ». Entendait-on dire. « Il faut les lâcher, ils ne nous servent à rien, coûtent trop chers, pourquoi « s'emmerder » à vouloir conserver cette ile dans la République Française » ? « Nous n'avons qu'à leur filer leur indépendance. Ils iront bouffer du sable, de la canne et des bananes ».

Ces affirmations nous font nous interroger sur ce que peut bien coûter un Guadeloupéen à la Métropole chaque année ? C'est en fouillant dans les documents officiels que je peux avancer le chiffre de 520 euros contre 1200 pour un métropolitain, il convient de rappeler également que si la mère patrie est désormais la troisième zone maritime mondiale, c'est grâce aux DOM-TOM ce qui est loin d'être anodin.

Les guadeloupéens pourtant cotisent, eux aussi, aux caisses de sécurité sociale, paient l'impôt sur le revenu et leurs impôts locaux, versent même en plus des taxes d'octroi de mer sur tous les produits importés.

Souvent on nous a jeté au visage cette histoire d'indépendance qui fait écho aux propos déjà entendus ! « Que venez-vous faire ici avec le soleil et les plages que vous avez là-bas » ?

Est-ce une façon pour la Métropole d'élucider les vraies questions et en premier lieu celle de la dignité d'un peuple plutôt pacifique qui n'aspire qu'à une chose : vivre dignement et travailler dans le respect avec un salaire décent. Beaucoup vivent avec le RSA et la grande majorité des jeunes se retrouve au chômage.

Le choix de l'indépendance a été tranché plusieurs fois par référendum et a toujours été rejeté par le peuple Guadeloupéen. Pour ceux qui l'auraient oublié, la Guadeloupe fait partie de la France depuis 1635.

Pour tenter d'amadouer la population l'Etat essaie d'aménager des lois mais la résistance des békés le fait toujours reculer. Ils sont toujours aussi puissants ces ex petits maîtres, aucun gouvernement n'ose s'attaquer à leurs privilèges et ils continuent aujourd'hui encore à tout contrôler sans partage.

4. LES RENCONTRES DÉCISIVES

Contrairement à la majorité des jeunes guadeloupéens, j'ai eu la chance d'être scolarisé assez tôt et de rencontrer des instituteurs très dévoués qui ont détecté très rapidement chez moi l'envie d'apprendre, de découvrir, de comprendre et surtout de sortir de cette impasse. Ils n'ont pas hésité à prendre mon destin en main, en m'aidant à faire mes devoirs, en m'offrant des livres que mes parents ne pouvaient m'acheter. Je suis reconnaissant, car avec le recul, je comprends que sans eux ma situation n'aurait jamais évoluée d'une façon aussi positive. C'est pour cette raison que je pousse aujourd'hui encore les plus jeunes d'entre –nous à faire confiance à leurs professeurs d'écoles. Ils sont là pour nous apprendre à lire, à compter et la plupart du temps leur concours peut-être décisif dans les choix que nous ferons plus tard pour notre avenir.

Je fis la connaissance dans la foulée d'un prêtre missionnaire, curé de la paroisse, qui me prie très vite sous sa coupe et me proposa de devenir enfant de cœur. Ce dernier savait écouter, accompagner et prendre toujours les bonnes décisions ; avec lui les églises étaient toujours pleines. Monsieur l'abbé venait souvent en aide, discrètement, aux parents en difficulté ce qui avait le don d'agacer les politiciens locaux. Je lui voue aujourd'hui encore une immense admiration et un très grand respect. Il n'a d'ailleurs jamais quitté Marie-Galante puisque sa dépouille repose désormais dans le petit cimetière de Saint-Louis.

Tous les dimanches, mes parents, catholiques pratiquants, nous conduisaient à la messe et c'est là que j'ai commencé à découvrir et à aimer les belles phrases ecclésiastiques. Je buvais les paroles de l'abbé durant les offices que je n'aurais raté pour rien au monde ! Mon bonheur était là… Cet homme d'église, si attachant, m'offrit la possibilité de partir au petit séminaire de Gourbeyre en Guadeloupe.

Ma mère accepta volontiers la proposition de Monsieur le curé mais mon père, quand à lui, se montra plutôt réticent. Ce n'est que des années plus tard que je compris le pourquoi de son hésitation : il devrait payer mes études qui étaient fort chères sans pour autant sacrifier l'avenir et la subsistance de mes neuf frères et sœurs.

Nous avons tous été tous baptisés selon la tradition familiale, puis nous fîmes notre première communion et reçûmes la confirmation. Mon père se réjouissait des ces festivités car c'était pour lui l'occasion d'une grande fête à la maison où il pouvait recevoir tous les notables de son camp politique.

C'était pour moi assez curieux de voir tous ces politiciens réunis autour de la table, refaire le monde, un verre à la main, avec pour objectif affiché : le meilleur moyen de faire trébucher l'adversaire ?

Evidemment pour ce type de débat il n'y avait que des hommes, les femmes étant confinées au salon et aux taches ménagères. Tout cela a bien changé depuis…

Ce sont les hommes qui font souvent salon pendant que les femmes s'activent. Je dois avouer que j'ai eu la chance de connaitre cette belle époque ou en revenant de l'école maternelle, il y avait toujours à la maison pour m'accueillir ma mère, une vieille tante ou encore une grand-mère. Les femmes ne travaillaient pas encore à l'extérieur, elles aidaient leurs maris aux champs, s'occupaient de leurs maisons et de leurs enfants. Une époque merveilleuse pour moi : chaque matin ma mère me réveillait à cinq heures pour aller servir la messe. Je peux vous assurer qu'il faisait encore nuit entre la maison et le centre du village qui se trouvait à 6 kilomètres de notre habitation. A cette heure si matinale je ne croisais personne sur ma route et j'avais très peur mais je n'osais rien dire. Je reprenais ma respiration que lorsque j'arrivais dans la sacristie ou m'attendaient le curé et le sacristain.

Une fois le culte terminé, j'avais encore une bonne heure devant moi, avant de me retrouver sur les bancs de l'école. Pour tuer le temps et pour mon plus grand plaisir, je me rendais chez tante Mémé qui habitait au cœur du village, elle confectionnait des gâteaux qu'elle vendait le dimanche et les jours fériés sur la petite place de l'église à la sortie des messes. C'est à cet endroit que tout le monde avait coutume de se retrouver au milieu des bancs et des marronniers face à la mer.

Je m'amusais de voir toutes ces familles endimanchées en train de se raconter leur semaine de labeur. Les hommes eux se rendaient pour la plupart directement dans les bistrots environnants pendant que les femmes, elles, achetaient sucreries et autres victuailles avant de regagner leurs pénates. Cette maitresse-femme qu'était Mémé, il ne fallait surtout pas la chatouiller même si elle était d'une extrême gentillesse. Elle était heureuse de ma venue, pourtant elle avait tellement à faire avec six enfants et un mari absent très tôt le matin, un brave homme qui partait à la pêche par tout les temps.

Des nasses pour la pêche.

Des canots.

L'oncle Raymond tentait de ramener dans ses filets des poissons pour nourrir ses enfants, le reste il devait le vendre pour payer l'essence, qui lui permettrait de repartir en mer les jours suivants. Cette tante aimante, trouvait toujours le moyen, de me consacrer du temps. Elle avait toujours un petit quelque chose à m'offrir, un bonbon, une pâtisserie, un compliment et bien sur un jus de fruit, complément nécessaire, selon elle, à mon bon développement…

Mémé faisait partie, des neuf frères et sœurs de ma mère, soit deux garçons et sept filles. C'est avec une certaine nostalgie que je repense a elle aujourd'hui, curieusement je me rends compte, que je n'ai jamais su son vrai prénom. Une très grande complicité liait ma mère à ma tante, elles n'avaient pas besoin, de se parler pour se comprendre, un simple regard, un sourire leur suffisaient. Elle en ville et ma mère à la campagne, elles se voyait le dimanche ou quand Mémé trouvait une voiture qui pouvait l'emmener jusque chez nous. Ce jour-là c'était la fête, tout le monde se retrouvait autour d'elles, on apportait de la canne à sucre, des mangues, des avocats, des noix de coco et autres fruits et légumes récupérés dans notre verger et Mémé repartait les bras chargés.

Un manguier.

Noix de coco.

Les affinités avec le reste de la fratrie, n'étaient pas du même ordre, mes oncles avaient beau habiter à deux pas de chez nous, on ne les côtoyait que très peu.

Tina, une autre de mes tantes, qui avait pour moi une très grande affection, me faisait venir chez elle, durant les vacances scolaires pour égayer un peu ses journées. C'est avec le recul, que je me rends compte aujourd'hui, que ma présence, lui permettait d'oublier un peu son quotidien de femme délaissée. Un mari trop souvent absent, de nombreux enfants à élever, une maison à tenir et une ferme à faire tourner, pour la pauvre femme qui croulait sous la besogne, j'étais une bouffée d'air frais. Mon air malicieux, mes petites comédies jouées pour elle, la faisait rire, elle s'amusait de mes pitreries et cherchait toujours à retarder l'heure de mon départ.

En revanche, je me souviens, d'une méchante tante, que j'ai toujours qualifiée de sorcière, qui avait constamment besoin de nos services et qui passait son temps à nous dénigrer. Personnellement, elle a toujours cherché à me nuire, comme ce jour ou la vilaine a été trouvé monsieur le curé, pour m'empêcher de faire ma première communion, en lui racontant des histoires à dormir debout. Fort heureusement, ma mère a pu retourner la situation en ma faveur, en la faisant passer pour folle, ce qui n'était pas loin d'être le cas.

Une autre tante, qui habitait Grand Bourg, la capitale de l'ile, jalouse de mes parents, elle n'avait pas pu avoir d'enfant, apprenant que je rentrais au petit séminaire pour devenir prêtre, s'est exclamée : ''il deviendra curé dans mon cul''. Je peux vous assurer que c'est très dur pour un gamin d'entendre ce genre de réflexion.

Dans ce contexte familial déjà bien particulier, je ne peux oublier la grand mère de mon père, celle qui l'a élevé, puisqu'il à perdu sa mère à l'âge de sept ans.

Delsina, c'est son prénom, était une mulâtresse aux cheveux longs, toujours tirée à quatre épingles, qui se prenait pour la reine de Marie Galante. Elle vivait dans un monde imaginaire, passait son temps à danser, la valse, la polka et a rêvasser. Cette femme donnait l'impression d'avoir toujours vécu dans le grand monde et dans l'opulence, mais à un moment donné, quelque chose a du se briser et elle a fini complètement ruiner.

Delsina devait certainement faire partie de la grande bourgeoisie qui régnait en maitre sur l'ile après l'abolition de l'esclavage. Tout ce qui l'entourait reste aujourd'hui encore un mystère, on peu d'ailleurs ajouter à ce grand vide, le décès toujours inexpliqué de la mère de mon père. Avec mes frères et sœurs nous avons toujours cherché à percer ce mystère mais elle n'a jamais voulu vendre la mèche. Elle est donc partie avec tous ses secrets dans la tombe.

5. L'APPRENTISSAGE

A mon arrivée au petit séminaire j'ai découvert la diversité des classes sociales existante dans l'ile : fils de békés, de métropolitains et quelques rares fils de noirs, le tout dirigé par un encadrement strict faisant régner une discipline de fer. Les prêtres et les frères en charge de cet établissement religieux et scolaire ne laissaient rien passer, lever très tôt, messe du matin obligatoire et étude avant le petit déjeuner. Tout était réglé à la minute près.

Cela ne me dérangeait pas outre mesure car à la maison il fallait déjà suivre ces rigoureuses règles de vie, imposées par mes parents qui n'avaient d'autre moyen de contrôler leurs dix enfants. Au séminaire, j'ai donc fait l'apprentissage de la vie en communauté. J'y ai découvert les différences existant entre les humains, qu'ils soient noirs ou blancs. Je me suis donc lancé dans une recherche effrénée : Comprendre pourquoi il existe des personnes de couleur blanche d'un coté et de l'autre des personnes de couleur noire ? Pourquoi le Bon Dieu a t-il mit sur la terre deux êtres semblables mais dont la couleur diffère ? Ce qui ne va pas sans poser quelques difficultés relationnelles. La couleur de l'un fait-elle peur à l'autre ?

Evidemment je m'interroge sur l'existence de ce Dieu que je veux servir tout au long de ma vie. Je m'interroge sur le sens de l'appel du Christ pour la mission. Je me demande s'il est humain pour un abbé de ne pas avoir de relations sexuelles ? L'effusion de l'esprit est-elle une pulsion sexuelle ? Les personnes qui se suicident ont-elles droit à une messe d'enterrement ? Les divorcés peuvent-ils communier et se remarier à l'église ? Marie, la mère de Jésus est-elle vierge ? Bref je veux servir le Seigneur mais je me pose des questions qui me traversent l'esprit et qui en même temps me tourmentent. J'entends raconter plein d'histoires au séminaire et ailleurs sur les prêtres qui ont des maitresses, qui ont des enfants et qui ne se cachent même plus. Ma petite tête va finir par exploser d'autant que je crois dur comme fer que le chemin que j'ai choisi est le bon.

Avec le recul aujourd'hui je pense que ce passage au séminaire m'a été bénéfique. Il me permet des années plus tard d'être plus sensible à mon âme et à ma conscience. Je suis devenu beaucoup plus serein face à cette présence divine qui demeure un mystère pour tous les croyants.

En Guadeloupe, j'apprends à connaitre l'ampleur du fossé qui sépare les autochtones de ceux qu'on surnomme les békés, pourtant antillais eux aussi. Ils n'agissent pas tous de la même façon et je me lie même d'amitié avec certains fils de békés au séminaire. Des amitiés qui perdurent encore aujourd'hui.

Les historiens guadeloupéens travaillent sur le sujet depuis plusieurs années pour comprendre pourquoi cet antagonisme est toujours aussi profond mais leurs travaux ne semblent intéresser personne. Pendant ce temps les gouvernements passent sans que rien ne change. Pourquoi les deux composantes d'une même population n'ont pas les mêmes droits ?

Faut-il des siècles plus tard faire porter la responsabilité aux générations suivantes ?

Pourquoi sommes-nous un département français ?

A quoi nous sert une carte nationale d'identité ?

La couleur de la peau continue à fermer des portes en Métropole aussi.

Qui sommes-nous donc ? Que venons-nous faire ici ?

Le guadeloupéen se donne t'il les moyens pour se faire une place honorable dans cette société. On peut sans hésiter répondre par un oui franc et massif. Il souffre de se voir rejeté, méprisé. C'est un incompris qui s'interroge sur son passé et en même temps sur son avenir.

L'intégration des antillais en métropole ne se déroule pas dans d'excellentes conditions malgré leurs efforts pour appartenir à cet ensemble qui les accueille exactement comme tous les étrangers candidats à l'immigration. Rien n'est vraiment mis en place pour leur faire comprendre qu'ils sont des "Français" comme les autres avec les mêmes droits et les mêmes devoirs. La seule différence entre eux et les autres c'est qu'ils n'ont pas besoin d'un titre de séjour pour entrer et demeurer sur le territoire.

Sont-ils des boucs émissaires comme les étrangers qui arrivent d'un peu partout ? Je pense que oui... Les français pensent que les domiens arrivent dans un pays équilibré et qu'ils passent leur temps à tout vouloir perturber. Ils ont une image diabolisée des étrangers alors qu'ils les côtoient quotidiennement au travail, dans la rue, à l'école ou encore en famille. Nous vivons une forme de délire ou les gens perdent contact avec la réalité.

Pourtant avec nous les antillais, les choses devraient-être beaucoup plus simples, nous sommes chrétiens à 90%, la question de la laïcité ne se pose donc pas. Nous avons, nous aussi, vécu en son temps la séparation de l'église et de l'Etat en 1905. Les prêtres, les missionnaires, les évêques, les frères et les sœurs sont formés dans les mêmes institutions, qu'elles soient laïques ou religieuses.

Evidemment à coté des églises catholiques on retrouve, comme en métropole, les témoins de Jéhovah, les pentecôtistes, les adventistes et quelques musulmans mais tout cela n'empêche pas la population de vivre dans une certaine harmonie et dans respect mutuel. Chacun va prier son Dieu comme il l'entend sans chercher à imposer à l'autre sa façon de se recueillir. Pour être honnête, disons que nous les catholiques pratiquants, nous sommes de loin les plus nombreux. D'un coté comme de l'autre il n'y a pas de provocation. Les cultes se déroulent le dimanche ou le samedi dans des lieux bien distincts et la plupart du temps pas aux mêmes heures. Là aussi nous assistons à une certaine évolution : la population déserte les églises et de petits groupes sectaires tentent de prendre le relais.

Après le petit séminaire j'ai poursuivi mes études en métropole. Etudes supérieures, études de théologie et formation journalistique au centre de formation des journalistes à Paris… tout cela avait un coût : j'ai donc du trouver du travail car mes parents n'avaient pas les moyens de subvenir à mes besoins. Heureusement, entre

1970 et 1976, trouver un boulot n'était pas un souci. J'ai à cette époque occupé de très nombreux postes dans des secteurs d'activités très variés. Je n'ai ressenti aucun rejet dans le monde des étudiants et des enseignants, bien au contraire, tout se passait comme si nous avions toujours été ensemble, comme si nous avions les mêmes préoccupations et qu'ensemble nous pourrions changer le monde.

On était de toutes les manifestations, allions aux mêmes concerts. La musique nous rassemblait et nous refaisions le monde tous les soirs autour d'un verre. Dans un monde où la croissance était encore au rendez-vous celui qui abandonnait son travail était assuré d'en retrouver un dès le lendemain.

Nous étions loin de penser que les années à venir seraient bien plus difficiles.

Quant à moi, je poursuivais secrètement un autre chemin. Je me prédestinais à devenir prêtre mais plus je fréquentais l'institution religieuse et plus je m'en éloignais. Je me suis retrouvé confronté à des attitudes, des comportements, qui au fil des ans, ont fini par me détourner de cette route.

Déjà au séminaire de Gourbeyre je commençais à m'en éloigner. Les professeurs y étaient excellents certes mais comment expliquer qu'un curé vous invitait à l'accompagner pour célébrer la messe dans une communauté de sœurs contemplatives et vous demandait au moment de la communion de soulever le voile de la servante du Christ afin qu'il puisse voir son visage ? Ce même curé une fois ses cours terminés, partait le soir en voiture, retrouver des filles de petite vertu, « paix à son âme » il est mort comme il a vécu : à cent à l'heure.

Je me souviens d'un autre professeur, curé lui aussi, qui avait du mal à cacher son excroissance lorsque la mère d'un étudiant venait lui rendre visite. Un troisième, mais frère celui-là, passait ses nuits à convoquer dans sa chambre de jeunes étudiants pour leur apprendre les choses du sexe. Certains acceptaient de suivre ses leçons mais d'autres se sont rebiffés. Pour éviter le scandale, les responsables de l'établissement l'ont expédié au Canada dans une communauté de frères.

Dans un autre diocèse, je me souviens du cas d'un évêque auxiliaire, déjà relativement âgé. Lors de ses obsèques nous avons découvert qui suivait le cercueil: la mère de ses onze enfants. Je ne cite que ces quelques exemples qui permettent de comprendre qu'il m'était bien difficile de poursuivre dans cette voie.

En décidant d'abandonner la partie, j'ai déserté les églises pendant plusieurs années mais je n'ai pas perdu la foi en Dieu, ce sont les hommes sur cette terre qui m'ont déçu. Je me doute que ces réflexions vont pousser les anticléricaux à se remettre en marche pour condamner sans aucun discernement l'église catholique qui n'est qu'une secte à leurs yeux. J'ai toujours pensé qu'il y a quelque chose de plus fort que l'homme. Il s'appelle Dieu ou Dame Nature.

Je n'en sais rien mais j'ai toujours ressenti à mes cotés une présence bienfaisante. Quand je m'interroge et que je cherche une solution à un problème quelconque, je fais le vide en moi et en principe une réponse m'est toujours apportée. Je me souviens de phénomènes surnaturels qui m'ont été donné de voir et quelquefois cela m'empêchait de m'endormir. Il y a dans la vie de chacun d'entre nous des phénomènes heureux ou malheureux. Certains les appellent chance ou hasard. Je reste persuadé que cela fait partie de notre ligne de vie. Une ligne de vie toute tracée avant notre arrivée sur la terre. Des hommes d'église, j'en ai rencontré beaucoup et je dois avouer que là aussi on retrouve des hommes de valeur et des hommes qui vous dégoutent à jamais. On se demande ce qu'ils peuvent bien faire dans une communauté chargée d'annoncer la bonne nouvelle et de tout faire pour réunir les hommes plutôt que de les diviser : "Tu aimeras ton prochain comme toi-même."

Vous me direz que beaucoup de catholiques pratiquants vont à la messe le dimanche juste pour se donner bonne conscience alors que pendant la semaine ils ont passé le plus clair de leur temps à licencier, à faire du commerce pas toujours au profit de leur clientèle mais pour leur petit profit personnel. Ce sont ceux là qui vont vouloir ensuite donner l'exemple du parfait chrétien. Il ne faut jeter la pierre à personne mais on est obligé de s'interroger par rapport à des comportements qui laissent souvent à désirer. Nous retrouvons aussi chez les prêtres et les évêques tous les mauvais penchants de la société : égoïsme, jalousie, méchanceté... Certains se jalousent à un tel point qu'ils ne cessent de balancer des choses inexactes sur les autres, histoire de les neutraliser, tout en envoyant des signaux à la hiérarchie ecclésiale pour éviter qu'elle ne propose un poste en vue à un prêtre voir à un évêque auxiliaire. A 75 ans, ils doivent présenter leur démission à leurs évêques pour prendre leur retraite. Beaucoup préfèrent poursuivre leur mission afin d'éviter qu'un autre collègue ne puisse occuper la place.

6. L'INTÉGRATION

Mon arrivée en métropole faisait partie de mon destin. Abandonnant mon ile, ma famille, mes amis d'enfance, j'étais étonné de découvrir que rien ne ressemblait à mon cadre de vie antérieure : des paysages totalement différents, les personnes rencontrées sont quasiment toutes d'une autre couleur de peau, la nourriture n'a rien à voir avec ce que je mangeais chez moi et en plus il fait terriblement froid.

J'ai débarqué un 2 janvier à Orly par le biais du BUMIDOM, une structure créée en 1963 sur une initiative de Michel Debré après un voyage à la Réunion en compagnie du Général de Gaulle. Cette agence avait pour mission de faire venir et d'aider les originaires des Antilles françaises à s'installer en métropole. Dans ce centre d'accueil, installé rue de Crillon dans le 4ème arrondissement de Paris, dans les locaux de l'ancienne ambassade de Pologne, pas très loin de la préfecture de police, on ouvre un dossier à votre nom, on vous trouve une chambre d'hôtel pour la nuit, on vous remet un billet pour déjeuner et diner dans un restaurant du quartier et enfin un ou deux tickets de métro. Je constate que les antillais qui arrivent par cet organisme sont déjà recrutés sur place, dans les iles, pour venir travailler dans les entreprises, dans les usines automobiles surtout. Ce qui explique pourquoi ils sont pris en charge dès leur arrivée à l'aéroport, conduits par cars dans les bureaux du BUMIDOM et ensuite redistribués dans les sociétés qui les embauchent la plupart du temps sans aucune formation pour devenir ouvriers sur les lignes de montage de Citroën, Peugeot, Renault ou encore Simca. Il s'agit d'une émigration de travail.

Avec la montée en puissance du regroupement familial, l'émigration s'est rapidement transformée en une migration de peuplement. Dans les années 1970, après la fermeture des foyers provisoires pour les travailleurs venant de la Guadeloupe, de la Martinique et de la Réunion, (la Guyane ne faisait pas partie de ce programme), les migrants vont s'installer dans le centre de Paris, de certaines grandes villes et surtout dans la banlieue parisienne avec les autres populations émigrées. Au même moment nous assistons à l'arrivée dans le milieu professionnel de femmes un peu plus diplômées que les hommes ; elles sont orientées vers les professions subalternes, le secteur paramédical, la poste ou l'aumônerie. Ne pensez pas que tout se passe sans anicroche car beaucoup d'iliens seront happées par la drogue, la prostitution et on assistera même à des disparitions dont certaines ne sont toujours pas élucidées.

Avec l'arrivée au pouvoir de François Mitterrand et de la gauche en 1981, le BUMIDOM, devient l'agence pour l'insertion et la promotion des travailleurs d'Outre-mer. Cette décision est très bien accueillie par les originaires de ces iles car beaucoup ont en mémoire la mauvaise réputation de cet organisme qui n'avait qu'un seul objectif : faire venir des domiens dans les usines en mal de main-d'œuvre.

L'arrivée de la gauche va donner aux antillais un nouvel espoir. Les sympathisants de cette gauche ne se sont-ils pas toujours mobilisés pour défendre la liberté dans ces iles françaises lointaines. La gauche a toujours condamné la façon dont les gouvernements de droite se sont comportés envers ces français de "seconde zone". Le nouveau Président ira d'ailleurs sur le terrain pour s'adresser directement aux petits groupes d'indépendantistes qui font régner la terreur. Il leur tend la main. Il leur demande d'abandonner la lutte armée qui ne fait qu'empirer la situation. Le Président de la République parvient tant bien que mal à renouer le fil mais la cassure avec la métropole est si profonde que les blessures du passé ont du mal à cicatriser.

Les domiens de France sont mal dans leur peau, ils ont le sentiment qu'on ne les considère pas comme des français à part entière, ils sont assimilés aux autres immigrés, on leur ferme la porte au nez, on leur fait comprendre qu'ils "feraient mieux de retourner d'où ils viennent". Le racisme latent et le paternalisme font des ravages.

Comment expliquer à ces créoles qu'ils ne sont pas intégrés dans un pays qui s'honore de réussir l'intégration des populations étrangères qui viennent pour travailler ou pour des regroupements familiaux ?

Comment peut-on faire accepter à une population antillaise qui souffre depuis des siècles de l'indifférence générale qu'elle fait bien partie de la république française. Tous les jours elle est confrontée sur son lieu de travail, sur son lieu de résidence ou dans sa vie quotidienne aux expressions humiliantes de « banania » autrement dit de chocolat en poudre ?

Comment peut-on se sentir bien dans sa peau de français noir puisque partout vous êtes considéré comme un étranger et la plupart du temps, si on ne vous le dit pas, on vous le fait comprendre à travers un regard ou un geste bien significatif.

Le sport, surtout le football, semble toutefois servir de facteur d'intégration pour un petit nombre d'élus mais très vite, là-aussi, il leur faut déchanter car sur le terrain, même s'ils ont du talent, certains supporters sont là pour leur rappeler qu'ils ne sont pas tout à fait comme les autres joueurs. Il leur faut donner toujours plus et rester performants en toutes circonstances. On ne leur pardonne rien. Beaucoup finissent par déprimer et on n'entendra plus jamais parler d'eux.

Il existe une autre activité ou certains antillais tentent de percer avec plus ou moins de bonheur : l'athlétisme. Quand ils ramènent des médailles pour la France au moment des grandes compétitions européennes et internationales ils sont reconnus à ce moment là. Une fois l'exaltation passée, ces athlètes retournent dans l'anonymat, à moins qu'un grand couturier ou une grande marque de téléphone s'intéresse à leur sort mais pour un laps de temps bien limité. Ignorance, incompréhension, méfiance ou peur, tout est réuni pour que cette frange de la population ne puisse jamais trouver sa vraie place dans l'ensemble français. Dès le départ, au niveau de la petite école, les dés étaient déjà pipés…

Combien d'années a-t-on mis pour supprimer dans nos manuels scolaires l'histoire" de nos ancêtres les Gaulois ». Cette expression était utilisée aux XIXe et XXe pour évoquer la Gaule indépendante. Comment un petit antillais noir de Guadeloupe, de Martinique ou de la Guyane peut-il se sentir concerné ! Tout a été mis en œuvre pour écraser toute relation à l'Afrique ou au peuple caribéen qui nous a précédés sur ces iles lointaines. Il convient de se rappeler qu'au moment ou l'esclavage battait son plein les esclavagistes ont tout mis en œuvre pour empêcher les déportés d'Afrique de faire perdurer leur tradition. C'était strictement interdit et ceux qui s'y risquaient étaient fouettés et certains pouvaient même y laisser leur vie.

On peut comprendre que les domiens souffrent de ce passé : ils ont du mal à tourner la page, d'autant que la mère patrie ne les a pas aidés à faire leur deuil et à regarder en face ce qui s'est réellement passé à l'époque du colonialisme… savoir pourquoi des milliers d'hommes ont été déracinés dans des conditions aussi immondes. Du coup certains antillais se sont tournés vers les Etats-Unis, d'autres vers le Canada et quelques uns cherchent toujours à se trouver des racines dans les Caraïbes. Ce peuple de bâtards qui ne sait toujours pas sur quel pied danser !

Dans la république nous cherchons toujours à nous faire une place au soleil et nous sommes nombreux désormais à sortir des grandes écoles mais curieusement, nous n'arrivons pas à faire carrière, à devenir de très grands dirigeants d'entreprises métropolitaines publiques ou privées. Certes, depuis le passage du président François Mitterrand aux affaires, et lorsque Michel Rocard était premier ministre, on a commencé à mettre un ou deux secrétaires d'Etat sous l'autorité d'un grand ministère. L'ouverture s'est poursuivie avec le président Jacques Chirac, qui au détour d'un remaniement, a confié un secrétariat d'Etat à une femme venant de la Guadeloupe. Cela fait si longtemps que nous attendions un ministère plein pour les DOM-TOM, que cela sera chose faite seulement en 2014 avec le président François Hollande qui choisit aussi une femme guyanaise pour devenir garde des sceaux.

Ces différents strapontins ont-ils fait avancer la cause des antillais sur le chemin d'une véritable reconnaissance, on peut en douter. Beaucoup ont pensé que l'arrivée à la Maison blanche d'un président noir allait faire évoluer la situation des originaires d'Outre-mer en métropole. Espoir vite déçu : les français s'enflamment très vite pour ce qui se passe à l'extérieur de chez eux mais ils ne sont pas prêts, loin de là, à adopter la même attitude. Cette élection d'un noir aux Etats-Unis ne fait pas tout, on constate que le racisme existe toujours, que certains esprits chagrins continuent à le caricaturer en le comparant à un singe. Barak Obama n'est pas le seul à se voir traiter de cette manière, il n'y a qu'à voir en France comment se comporte une certaine presse et quelques individus à l'égard de Madame Christiane Taubira.

Il convient de se montrer plus intelligent que tous ceux qui n'ont que l'injure et le mépris à la bouche. Je sais que c'est très facile à dire mais pas très simple à mettre en pratique surtout lorsque l'on subit quotidiennement ce genre de quolibets. Nous devons positiver en toute circonstance. Laissons de coté la haine des uns et la méconnaissance des autres pour poursuivre le chemin que l'on tente de se tracer. Nous pouvons, en cherchant bien, trouver quelques rares grands professeurs de médecine parmi les antillais de métropole. Depuis que les portes de l'armée, de la gendarmerie et de la police nationale se sont ouvertes, nous trouvons ça et là quelques hauts gradés mais attention à la dernière marche. Il est toujours aussi difficile de devenir général ou commandant. Si l'un d'entre eux arrivait à percer c'est qu'il a eu la chance de tomber sur des supérieurs qui les avaient « à la bonne ».

Dans l'audiovisuel public où j'ai passé 30 ans de ma carrière, là non plus ce n'est pas très brillant. Nous évoluons pourtant dans un monde de communication, d'information et d'ouverture. Journaliste reporter d'images, rédacteur-reporter et quelques rédacteurs en chef-adjoints voir une toute petite minorité de rédacteurs en chef, voilà les postes proposés aux antillais et cela s'arrête là ! Pas question d'aller plus haut dans la hiérarchie même si vous avez les mêmes diplômes, les mêmes compétences. Il y a toujours un petit copain " métro" à placer. Cependant on n'hésitera jamais à venir vous demander toujours un peu plus ! Idem quand il s'agissait d'intégrer un journaliste à travers les fameuses commissions d'intégration et de mobilité.

L'antillais n'était jamais en tête de gondole et pourtant tout se déroule, nous disait-on, dans la plus grande transparence entre les représentants syndicaux maison et les dirigeants de ces sociétés. En lisant ces lignes certains de mes anciens collègues de l'audiovisuel public vont se dire : " De quoi se plaint-il" ? Je n'ai pas été trop mal traité, c'est vrai, mais j'ai été formé chez les « bons pères » qui m'ont donné des bases bien solides, ce qui m'a permis aussi de me forger un bon petit caractère. Je ne me laissais pas marcher dessus et j'étais un peu rebelle. On avait du mal à savoir réellement le fond de ma pensée. Beaucoup se sont cassées les dents en voulant démasquer le fauve qui sommeille en moi.

J'en profite pour vous raconter une anecdote assez éloquente dans ma carrière de journaliste-présentateur. Je suis envoyé en 1982 pour deux ans à RFO Martinique. Cette radio-télé qui auparavant s'appelait france3 avait du mal à trouver sa place dans l'audiovisuel français et donc le gouvernement décide de lui changer de nom mais on ne peut pas dire que ça a fait vraiment fait bouger les lignes.

A mon arrivée sur place, je me retrouve face à un petit groupe de syndicalistes autonomistes maison, ils me traitent de « négropolitain », (aujourd'hui sur place on parle d'européen black ou des gens de là-bas), et me font savoir que je dois retourner d'où je viens, c'est-à-dire en métropole. Un matin je débarque à la station et qu'est-ce que je trouve dans mon fauteuil : un petit cercueil en papier. Cela voulait dire ''si vous ne partez pas de vous-même, vous partirez les pieds devant''. Finalement je suis resté deux ans et au moment de mon départ ils sont tous venus me demander de rester. Soyons clair par rapport à cette histoire ! Il s'agissait de quelques agents regroupés autour d'un homme qui entendait dicter à la direction locale et parisienne la manière dont elle devait gérer cette radio-télé. L'ambiance était très tendue pour lui et ses hommes ; tout ce qui venait de la métropole était suspect, c'était pour eux le colonialisme qui se poursuivait d'une façon déguisée. Soyons honnête et reconnaissons que tous les dirigeants de cette station venaient pour la plupart de la métropole ou avaient déjà dirigé une radio ou une télévision dans une autre région de l'Outre-mer. Les autres salariés de la station subissaient les assauts répétés du groupe sans trop réagir : '' ce sont des agités, ils finiront bien par se calmer''.

Sur l'île les habitants vaquaient à leurs occupations tout en restant sur leur garde car les affaires d'autonomie et d'indépendance ça faisait plutôt peur. On faisait même circuler des bruits du style : ''il est de tel ou tel bord politique sans même vérifier si l'information était crédible et dans les diners en ville on vous interpellait souvent sur vos prétendues appartenances. La population dans son ensemble préférait ignorer toute cette agitation pour se consacrer à l'essentiel à savoir travailler, nourrir leurs enfants et s'occuper de leur éducation.

A la radio-télé et en dehors j'ai rencontré des personnes formidables et j'ai vécu des moments inoubliables. Je garde un souvenir ému de ce passage en Martinique. Contrairement aux idées reçues je peux affirmer que le piston fonctionnait bien car, si je suis parti pour deux ans de détachement à la création de RFO, c'est parce qu'un Ministre-ami est intervenu directement auprès du patron de l'information de France3 pour pousser ma candidature. L'affaire avait été réglée en quelques jours.

Cette confidence faite je dirai que le mot à la mode désormais c'est : "la diversité". Quel vilain mot ! La France possède en son sein depuis bien longtemps des français noirs de peau, des métis et des fils de békés et tous les gouvernements qui ont eu à exercer le pouvoir n'ont jamais pensé à leur donner une vraie place dans la conduite des affaires de la république. Pourquoi chercher tout d'un coup à vouloir les intégrer de force ? Nous assistons tout d'un coup, dans des émissions de télévision ou de radio, à l'arrivée de quelques individus qui ne représentent qu'eux-mêmes. Je me méfie de cette vaste opération de charme. Les personnes issues de cette diversité doivent trouver leur place dans la société par leur travail, leurs diplômes et leur savoir faire. Si l'on remplace le piston par la diversité il faut le dire clairement.

Ah diversité quand tu nous tiens ! Nous la mettons à

toutes les sauces pour faire croire que l'on colle à la société réelle. Nous voilà prévenus, les antillais que nous sommes, comme ceux qui viennent d'ailleurs, si voulez réussir, obtenir un travail, participer au développement économique de la France, apporter votre pierre à l'édifice, trouver enfin votre place, vous devez vous soumettre à la nouvelle donne.

Pourquoi diable avoir attendu si longtemps pour découvrir que la France est multiculturelle ? Elle a de tout temps accueilli, intégré, épousé, enrôlé des gens de cultures différentes et cela lui a toujours réussi. La différence avec nous les originaires d'Outre-mer c'est que nous sommes là depuis si longtemps et après nous avoir écrasés, mutilés, on ne cherche même pas à nous sortir du lot. Nous sommes de nouveau enrôlés dans le cycle infernal d'une immigration mal contrôlée. Peut-on parler de la séparation des antillais, avec les autres, ceux que l'on qualifie d'immigrés ? Je ne le pense pas. Ils se retrouvent comme tous les autres dans les quartiers difficiles ou le taux de chômage est le plus souvent le plus élevé. Ils vivent dans ces quartiers dits sensibles, là ou l'on s'entretue, ou les règles du bien vivre ensemble sont bafouées, là ou les cages d'escaliers sont prises d'assaut et tenues par des petits caïds qui font régner leur loi.

Quand vous en parlez autour de vous, on vous rétorque que vous ne vivez pas ici dans des ghettos. Sans aucun doute ! Il est vraies que même dans les quartiers ou l'on retrouve de la ségrégation, les populations de toutes origines se mélangent aussi mais ont-elles le choix. Ce sont souvent les causes économiques, comme par exemple, les faibles loyers, la concentration des logements sociaux qui poussent les immigrés et leurs enfants à s'installer dans ces quartiers défavorisés. Contrairement aux idées véhiculées, il ne s'agit nullement d'une préférence de leur part, du moins pour certains d'entre-eux. Quand on leur donne leur chance, ils la saisissent et préfèrent aller vivre dans des communes, des villages voir des banlieues beaucoup moins exposées.

Je reconnais que de nos jours cette situation s'est beaucoup améliorée car à mon arrivée en 1970, j'ai connu les bidonvilles à la sortie et à l'entrée des grandes villes. Souvent je me surprends à dire : "Ah cette couleur de peau, cette noirceur… Si enfin on pouvait la rayer d'un trait de plume sur la carte de France et repartir de zéro. Cela arrangerait pas mal de gens !!! Il n'y a qu'à voir aujourd'hui tous les produits inventés pour s'éclaircir la peau.

Seulement ils sont là, ces domiens et ils sont de plus en plus nombreux, il faut désormais compter avec eux, ils seraient selon les derniers chiffres donnés en métropole plus d'un million et demie. Ils votent et quelquefois ils font pencher la balance d'un coté ou de l'autre. Ils sont loin d'être violents, ils sont plutôt pacifiques mais ils ne veulent plus être des laissés pour compte. Ils veulent désormais qu'on les respecte. Après avoir été ballotés contre leur gré, d'un continent à l'autre, ils veulent désormais exister dans cette république française qui est aussi la leur, qu'on le veuille ou pas. Cela fait bien longtemps qu'ils sont accrochés au wagon de ce coté de la barrière et ils n'ont plus envie de tout recommencer, même si certains cherchent à balayer ce passé. Ils entendent partager le gâteau car eux-aussi ils se sont battus pour sauver la patrie souvent au péril de leur vie.

Peu de temps après l'invasion de la France par les armées nazies, Haïti a déclaré la guerre à l'Allemagne, Saint Pierre et Miquelon a voté son rattachement à la

France libre et les Antilles-Guyane sont entrées en dissidence. Tout cela n'a pas beaucoup inquiété Hitler car il devait ignorer sur quel coin du globe se trouvaient ces îles. Il n'était pas très facile non plus durant la guerre de faire comprendre aux autochtones qu'ils devaient se mobiliser pour défendre la patrie menacée, beaucoup pensaient que les colonisateurs se battaient entre eux et que c'était plutôt bon pour les colonisés.

Je suis obligé de faire référence à notre grand poète martiniquais, Aimé Césaire, pour qui : "être libre et défendre une citoyenneté partagée", valait beaucoup plus que le salut d'un territoire. Le combat d'Aimé Césaire portait aussi sur l'universalité des droits de l'homme partout dans le monde. Combien sont-ils aujourd'hui encore dans les différents corps d'armée à se retrouver sur les champs de bataille en Irak, au Mali, en Cote d'Ivoire, en Centrafrique, en Libye ou ailleurs pour défendre la liberté, les valeurs de la démocratie et ils le font au nom de notre chère patrie ?

Ils ne rechignent pas à donner leur vie, à prendre part à la vie économique, culturelle ou sociale du pays. Ils sont nombreux ceux qui travaillent dans les hôpitaux, les maisons de retraite, les hospices pour s'occuper de nos malades et de nos vieux. Qui n'a jamais eu affaire dans un service hospitalier à une bonne vieille doudou antillaise qui se penche sur vous pour vous soigner ou vous apporter un certain réconfort avec son accent chantant. De tout temps les antillais ont fait sans rechigner les travaux que nos amis les métropolitains ne voulaient plus réaliser estimant que tout cela n'était pas très valorisant. Il s'agit surtout de travail manuel mais comme on dit souvent en Guadeloupe et en Martinique : "il n'y a pas de sous-métier et lorsque l'on doit gagner sa vie et nourrir sa famille, il n'est pas question de faire la fine bouche".

7. EVOLUTION ET MENTALITÉ

En acceptant tout cela nous avons toujours pensé que nous étions des français à part entière mais il ne suffit pas de le croire, de s'en convaincre, pour que cela soit vrai. On s'accroche aussi à certaines déclarations venant des hommes politiques de passage dans nos iles qui, le temps d'une campagne électorale ou le temps d'une visite éclair, arrivent à nous faire croire que nous faisons partie de la continuité territoriale. Des promesses très vite oubliées dès que la personnalité en question retrouve le continent.

Les départements français d'outre-mer se sont plus ou moins développés économiquement mais à quel prix : on a construit de très nombreuses routes et autoroutes ainsi que des aéroports internationaux. Tout a été mis en œuvre pour les doter aussi d'infrastructures portuaires dignes des grands ports de marchandises et de passagers. Parallèlement les complexes hôteliers se sont installés sur les plus belles plages sans réel contrôle. L'arrivée de la loi littorale et les grèves à répétition des salariés locaux font fuir les plus grands groupes qui régnaient en maitres sur l'activité touristique.

Les grèves font partie aussi du paysage. Il s'agit d'une activité pour des meneurs d'hommes qui cherchent quelquefois à percer sur le plan politique mais soyons honnêtes c'est le seul moyen pour les ouvriers sur place de se battre pour tenter de se faire entendre.

Les salaires sont beaucoup plus faibles qu'en métropole et la vie y est beaucoup plus chère. Quand j'étais plus jeune je me souviens que nous avions une agriculture assez bien développée. Les habitants avaient tous un petit lopin de terre ou ils cultivaient légumes, salades et autres produits locaux sans oublier un endroit réservé où ils élevaient cochons, poules et cabris. En l'espace de 40 ans tout cela a bel et bien disparu. Nous avons vu se construire, comme partout ailleurs, des habitations à loyers modérés, de grands ensembles qui ont dénaturé les paysages. On a parqué la population dans des cages à lapins. Pour se nourrir et se vêtir elle doit tout acheter désormais dans les grandes surfaces qui ont poussé partout comme des champignons.

Le lien social a alors été rompu et la famille, qui dans nos iles en particulier était un point d'ancrage important, a perdu ses références. Des références sacro-saintes comme par exemple celle-ci : les grands-parents n'étaient pas abandonnés dans les hôpitaux. Ils restaient à la maison jusqu'à leur départ pour l'au-delà ; en retour ils s'occupaient des petits enfants pendant que les parents travaillaient. Ainsi tout le monde se retrouvait autour de la table pour partager le repas quotidien ; ce temps–là est bien fini. On fait comme tout le monde : nos anciens sont envoyés en maison de retraite ou dans les mouroirs pour attendre la fin. Plus aucune compassion pour ceux qui ont passés beaucoup de temps pour nous éduquer ; pour vous donner les moyens de vous en sortir.

Il m'arrive d'accompagner dans des maisons de retraite des amis qui ont placé là leurs parents et j'avoue qu'à chaque fois je ressens un profond malaise et en quittant les lieux je me dis toujours : "pourvu que je ne me retrouve jamais là-dedans". Parents et grands-parents ne voulaient pas que l'on finisse comme eux à savoir ouvriers agricoles, maçons, pécheurs ou encore transporteurs de canne à sucre pour les distilleries et les usines.

A cette époque il faut dire que les familles étaient nombreuses et tout le monde habitait dans un périmètre assez réduit autour de la maison des ainés. Il ne se passait pas une journée sans que l'on se voie ou que l'on se parle à propos de tout et de rien. Nous étions toujours connectés comme disent les jeunes d'aujourd'hui. Cette proximité permettait d'éviter de partir à la dérive, on avait un œil sur les uns et les autres et dès que l'on pressentait que les choses pouvaient mal tourner, on demandait à celui qui faisait office de pilier d'intervenir. Les gens avaient un grand respect pour les anciens et leurs conseils étaient précieux. S'il nous arrivait d'avoir un mot désagréable à leur égard, nos parents ne nous le pardonnaient pas, la correction était immédiate.

A l'époque de mon enfance, les Antilles ne connaissaient pas de problème de drogue, d'enfants abandonnés et les divorces n'existaient quasiment pas. Tout le monde s'entraidait, les familles antillaises étaient très soudées même si les hommes laissaient souvent les femmes s'occuper de leur progéniture pendant qu'ils courraient les « jupons » en n'omettant pas de faire des enfants un peu partout, ce fut un sport local très prisé qui a perdu de sa superbe au fil du temps. L'homme antillais, il est vrai, est connu pour sa quête permanente à savoir : draguer et mettre dans son lit toutes les belles créoles mais aussi les belles blondes qui passent dans le secteur il se croit beau et fort et en même temps irrésistible. Quand on leur dit qu'il existe autre chose dans l'existence que la drague, il vous répond : « je suis jeune et en bonne santé, c'est le moment d'en profiter, la sagesse on verra ça plus tard ». Voilà pourquoi certains nous traitent de paresseux, de bon à rien. C'est une vision un peu courte de l'ambiance locale mais on en a vu et entendu tellement que ça nous glisse sur le dos.

Cette situation a permis à un ancien Président de la République Française de parler « d'argent braguette » lorsqu'il voyait les fonds importants versés pour les mères qui élevaient seules leurs enfants. C'est vrai qu'à un certain moment les femmes avaient pris l'habitude de faire des enfants avec des pères différents et se déclaraient mères au foyer élevant seul les enfants, alors qu'il y avait souvent un père de substitution, qui venait réchauffer la belle le soir. Tout le monde le savait mais personne n'osait le dénoncer. Désormais les jeunes femmes n'acceptent plus de jouer ce jeu, elles travaillent, préfèrent ne pas dépendre d'un homme et cette nouvelle donne a joué un rôle néfaste dans l'évolution de la société locale surtout dans l'éducation des enfants.

Aujourd'hui les problèmes inhérents aux grandes métropoles sont omniprésents. Les îles de l'arc antillais sont devenues des étapes pour les trafiquants de drogue et leurs bateaux. Les habitations que l'on ne fermait jamais auparavant sont désormais visitées et pillées. Les jeunes s'adonnent au plaisir du joint et autres substances bien plus dangereuses sans aucune retenue. On peut les apercevoir dans la rue, sur les places de nos villes et sur les plages fréquentées par les touristes. Ils ne se cachent même plus et on peut voir dans leurs yeux une certaine agressivité. « Une jeunesse perdue », diront certains. Mais comment faire pour tenter de la dissuader de tomber dans ce piège qui se referme inexorablement sur elle. Il est très facile de se procurer herbes et autres substances sur place, et pour pas cher. Une simple incursion sur les plages de Saint Anne, Saint François, Gosier ou autres, suffit pour assister à un défilé de jeunes dealers qui proposent leur marchandise sans se soucier des baigneurs installés sur leur serviette de plage. On retrouve souvent sur les plages des sacs remplis de drogue balancés à la mer par les transporteurs quand ils voient arriver les douaniers. Un manège qui, je le pense, n'est pas inconnu des gendarmes, des policiers ou des douaniers. Le malheur est que ces trafiquants ne sont quasiment jamais inquiétés.

Pointe à Pitre, la capitale commerciale de la Guadeloupe, est depuis longtemps rongée par la délinquance et la drogue. La population assiste impuissante chaque jour à des règlements de compte. Certains jeunes brulent leur vie au jour le jour au contact des stupéfiants et des armes. Voilà qui a une incidence sur l'activité touristique locale. Les vacanciers sont souvent agressés, volés et ont, en prime, l'impression qu'on ne les aime pas. On entend souvent dire que les Guadeloupéens sont plus racistes que les Martiniquais, rien d'étonnant alors que, depuis plusieurs années, on assiste à une désaffection des touristes pour la Guadeloupe, les hôtels et les restaurants sont quasiment vides. La Grande-Terre, qui avait leur faveur avec ses belles plages de sable blanc, ne fait plus recette. La Basse-Terre, côté volcan, avec sa célèbre Soufrière tente bien de relever le défi mais sans grand succès pour l'instant. Dans cette désaffection il convient de dire que les grèves à répétition ont aussi joué un rôle majeur. Pour se faire entendre les syndicalistes prennent en otage la population. On bloque tout et en quelques jours il n'y a plus d'essence et l'économie locale est sous perfusion.

La dernière grande grève a duré deux mois et a laissé des traces indélébiles sur une économie locale déjà sous perfusion. Les bateaux de croisière ont décidé de déserter l'ile. Un manque à gagner énorme et du travail en moins pour tout le monde. En réalité beaucoup de petits patrons antillais ont fait faillite : incapables de faire face à l'augmentation des salaires obtenue pendant ce mouvement. Ne soyons pas hypocrites non plus, il faut regarder les choses en face. Les leaders syndicaux qui souvent mènent la danse ont épousés des femmes métropolitaines, travaillent dans l'administration, ont un appartement à Paris, Bordeaux, Marseille, Lyon ou encore à Lille et leurs enfants font des études sur le continent. Leur combat n'est pas sans intérêt mais on doit vite se rendre à l'évidence qu'au bout du compte ce sont toujours les plus petits et les plus démunis qui sont touchés. Je ne dis pas qu'il ne faut rien faire ; bien au contraire, la situation sociale d'une grande partie de la population mérite d'être améliorée.

8. DÉVELOPPEMENT DÉSORDONNÉ

Transport de canne à sucre.

La fermentation du jus de cannes.

Le tourisme aurait du nous aider à développer l'économie locale comme dans les iles autour de nous mais c'est loin d'être le cas.

Les Guadeloupéens ont-ils tué la poule aux œufs d'or avant même d'avoir pu prendre en main cette activité qui devrait leur permettre de développer l'économie de leur ile en dehors de la banane et des quelques rares champs de cannes à sucre ? On peut affirmer que l'affaire est très mal engagée. Mais il faut avoir présent à l'esprit que cette notion de service nous fait revenir loin en arrière, au temps de l'esclavage. Car les travailleurs de ce secteur qui sont très mal payés et surtout très mal considérés ont toujours l'impression d'avoir en face d'eux des seigneurs et des maîtres et que tout cela ne fait que tourner en rond.

Aucun travail sérieux n'a été fait pour aider la population à tourner la page, à oublier ce passé, alors que, partout, on a tout fait pour exorciser les vieux démons. Ce n'est pas en instituant un jour de commémoration ici ou là, en organisant une année des Outre-mer, en organisant des référendums de temps en temps pour savoir si ces départements veulent rester français que l'on va concrètement changer la donne.

J'entends à Paris certains compatriotes nous dire que nous sommes un groupe minoritaire que personne ne respecte. On pourrait dans ce cas parler d'un problème économique doublé d'une difficulté raciale. Nous sommes, c'est très clair, une société post-esclavagiste, il ne faut pas l'oublier et à l'époque le seul homme qui existait c'était le maitre, l'homme blanc. L'homme noir n'était vu que comme l'étalon reproducteur, tous les pouvoirs étaient donnés à la mère. Il ne s'agit pas non plus de passer son temps à demander pardon pour ceux qui se sont servis de l'Afrique pour parvenir à leur fin. Les vrais coupables sont bel et bien morts et enterrés depuis bien longtemps et ils ne reviendront pas pour expliquer le pourquoi du comment. L'objectif désormais consiste à expliquer à cette population ce qui s'est réellement passé et pourquoi a-t-on déraciné tout un peuple pour l'installer sur d'autres territoires et s'en servir comme s'il n'était que du bétail.

Désormais tous les gouvernements français qui se succèdent ne parlent que de statut lorsqu'ils évoquent ces îles si lointaines. Les aspects structurels prennent le pas sur tout le reste. On oublie trop souvent de dire que ces îles situées sur pas moins de trois océans permettent à la Métropole de jouer un rôle géopolitique majeur. A l'heure où l'on ne parle que de mondialisation, la situation géographique des Outre mer doit faciliter les échanges économiques entre la France et un nombre important de pays. L'outre-mer n'est jamais repliée sur lui-même. Il a pour voisin tantôt les autres îles de la Caraïbe, tantôt l'Amérique du nord et du sud, tantôt l'Océanie et enfin l'Afrique.

Autre atout non négligeable, les Outre-mer offrent à la mère patrie le second espace maritime après les États Unis, ce qui est plutôt appréciable pour la pêche et les espèces de poissons que l'on peut y découvrir. La question est posée par certains grands spécialistes de l'économie : l'avenir de ces îles ne passe-t-il pas par le développement d'une économie d'échelle avec l'ensemble de la Caraïbe. Quatre vint pour cent de la biodiversité française se trouve dans les Outre-mer. Les années 2015/2050 vont nous prouver qu'il existe dans l'Outre-mer un réservoir de développement écologique formidable pour la métropole. Mais aujourd'hui ces régions sont confrontées aux mêmes difficultés que tous les autres territoires.

Le chômage, les difficultés économiques existent aussi dans les îles et, ici plus qu'ailleurs, nous sommes soumis aux aléas climatiques. Les cyclones qui, quelquefois, détruisent tout sur leur passage. Les volcans qui font semblant de dormir et qui peuvent, un jour, se réveiller. A tous ces risques naturels, il convient d'ajouter les tremblements de terre et les raz de marée. Les destructions et les drames sont moindres parce que nous sommes très éloignés des côtes et les méthodes de construction y jouent un rôle prépondérant. Pas question de se poster, d'attendre et de subir les évènements. Il y a dans ces iles un art de vivre et on peut dire qu'il contribue au développement économique. Les gens de côté-là sont heureux malgré tout. Ce bien-vivre est folklorique et il se nourrit d'un dynamisme culturel avec, il est vrai, un sens inné de la fête. Le carnaval occupe une place importante dans l'imaginaire de toute personne originaire de ces iles. On se déguise et on revit à travers les danses, les musiques et les masques ce passé qui ne veut pas dire son nom.

Le carnaval.

C'est un véritable moment de défoulement et même si beaucoup de jeunes qui participent à ces festivités ignorent totalement le sens de tout cela, ils communient avec les plus âgés dans une ambiance de feu. Pendant les mois d'été ou d'hivernage, toutes les communes célèbrent aussi leur Saint-Patron. C'est aussi l'occasion de faire la fête, de partager ensemble de bons moments et de célébrer le travail de l'année. Si la fête bat son plein dans les centres-villes, les bords de mer ne sont pas oubliés. Le lundi soir on vient écouter les grands orchestres locaux et danser jusqu'à l'aube.

Bien sûr tout cela commence à perdre un peu de son sens. Ici comme ailleurs les nouvelles technologies ont fait leur apparition et ont tendance à pousser les jeunes et les moins jeunes à se replier sur eux-mêmes. La famille n'est plus ce lieu de refuge et d'épanouissement. On pourrait même dire qu'il est considéré comme un fardeau. Les ainés s'interrogent et se demandent quoi faire. Mais, comme on ne vit plus en vase clos, il est bien difficile de donner à ses enfants et à ses petits enfants des points de repère qu'ils vont s'empresser d'oublier dès qu'ils auront franchi la porte de la maison. Le drame aux Antilles se joue sur un problème d'avenir pour la jeunesse. Ces jeunes sont, pour beaucoup, pris dans l'enfer de la drogue, de l'alcool et, d'une certaine forme de paresse.

L'argent facile a fait son apparition ici aussi. Beaucoup de jeunes sont prêts à se vendre, à se donner au plus offrant pour avoir quelques euros. Le corps est devenu une marchandise comme une autre.

Les filles et les garçons sont entrés en concurrence, la bisexualité faisant le reste.

Cet état de choses (et il est loin d'être le seul) incite les Antillais à s'interroger sérieusement sur leur avenir commun. Et, à mon avis, rien n'est irréversible. Les Outre-mer forment un ensemble, certes loin d'être homogène, mais qui veut rester dans le giron de la métropole, non pas pour être méprisés, mais pour devenir de véritables partenaires. Deux millions six cent cinquante mille citoyens, cela représente un marché non négligeable de consommateurs. A condition toutefois d'instituer des échanges commerciaux. Ces îles renferment des richesses qui ne demandent qu'à être développées, transformées et commercialisées. Il faut sortir de l'esprit qui consiste encore à faire croire que leurs populations vivent de l'assistanat. Je crois d'ailleurs que ce terme n'a jamais été approprié. Car, les îles ont toujours apporté à la France ce qu'elles ont de meilleur en ce qui concerne les matières premières alimentaires, les épices et bien d'autres productions. Nous n'allons pas nous lancer dans un inventaire à la Prévert.

Je suis intimement convaincu que si la Métropole, ses dirigeants, ses décideurs, ses chercheurs et aussi sa population voulaient reconsidérer la façon dont ils voient ces départements et territoires lointains, en en faisant de vrais partenaires, nous pourrions très vite écrire une nouvelle page de notre histoire commune. Nous entendons beaucoup parler depuis plusieurs années de deuxième génération. Ce terme peut-il convenir aux originaires d'Outre-mer ? Je ne le pense pas puisque nous appartenons depuis longtemps au même ensemble. Pour toutes ces raisons, je reste persuadé que notre sort et celui de la métropole sont intimement liés sur pratiquement tous les plans même si nos traditions ne sont pas toujours identiques, en dépit d'origines communes. Si nos anciens savent fort bien tout cela, la jeune génération et surtout ceux nés sur le continent l'ignorent. Pris dans un engrenage les poussant à vivre comme tous les jeunes issus de l'immigration qu'ils côtoient, ils adoptent les mêmes attitudes, les mêmes comportements.

On ne peut malheureusement pas le leur reprocher,

car nous, leurs parents, n'avons pas vraiment fait le nécessaire au maintien des traditions créoles dans l'éducation de nos enfants.

C'est donc à nous, les aînés les plus avertis, de les aider à voir les choses autrement même si cette démarche est parsemée d'embûches. La première d'entre elles est celle-ci : Les jeunes Antillais nés « de l'autre côté » de l'Atlantique, lorsqu'ils arrivent à la Guadeloupe ou à la Martinique, sont souvent rejetés, montrés du doigt. Ils ne savent pas parler le créole. Ils ne sont pas de vrais autochtones. On a vite oublié que nos parents nous interdisaient de parler le créole mais le français pour mieux apprendre à l'école de la République. Bien qu'ils ne maitrisaient pas la langue française, ils tentaient de nous parler non pas en créole, mais en baragouinant le peu de mots qu'ils connaissaient en français. Un langage approximatif mais qui faisait son effet.

Champ de cocotiers.

Voilà bien des mentalités à changer pour faire en sorte que ce ne soit pas toujours les mêmes qui doivent subir le rejet de l'autre. Nos ancêtres ont connu, eux aussi, ce rejet. Ils se sont battus pour rester debout et ils nous ont laissé cette force, ce courage, cette ténacité qui doivent nous permettre de rester debout en toute circonstance, certains disent comme les cocotiers. Quand on voit tous ces petits groupes d'individus agglutinés à la sortie de certaines gares parisiennes, on est souvent forcé de constater qu'il existe toujours quelques jeunes Antillais parmi eux. Et pourtant nous n'avons pas aux Antilles

59

cette habitude de troupe. Cela pose un vrai problème de conscience pour leur famille et les travailleurs antillais qui vivent en Métropole. Souvent on entend dire « Mais ou sont passés leurs parents ? Ils ont démissionné », ou encore « Ce ne sont pas de vrais Antillais puisque là aussi il y a les bons d'un coté et les mauvais de l'autre ».

L'Antillais doit-il réellement se sentir viser par ce rejet ? Oui s'il s'attache juste à la couleur de sa peau et à la façon dont, lui aussi, est parqué dans les quartiers dits difficiles et sensibles. Il peut le penser. Le constat serait un peu court car même s'il ne se sent pas totalement accepté en tant que Français il fait partie intégrante de la communauté nationale. Il ne tombe pas sous le coup des lois qui prônent une reconduite à la frontière même s'il commet de très graves délits. Les jeunes antillais apprennent à respecter le bien d'autrui même s'ils n'ont rien à manger ou à boire, et ne doivent en aucun cas voler ce qui ne leur appartient pas. J'ai vu, quand j'étais jeune, beaucoup de parents corriger très durement leurs enfants s'ils avaient le malheur de voler, voir même de toucher, au bien du voisin. Aujourd'hui c'est l'inverse ! Si tu as faim ou soif tu peux te servir. On est bien loin du" touche pas à ce qui ne t'appartient pas".

Dans ces conditions il doit comprendre que son destin va de pair avec celui du Métropolitain et que son avenir économique est attaché à celui de l'Union européenne. « Les Antilles et l'Europe » : encore un domaine complexe qui tracasse beaucoup nos élus locaux et les dirigeants français. Les Français doivent défendre leurs intérêts et en même temps ne pas oublier ceux des îles. En effet les productions ne sont pas les mêmes. Nous apportons sur le marché le sucre de canne et les bananes. L'Union européenne a signé en son temps un accord, celui de Cotonou.

Il s'agit de contrats à préférence commerciale signés avec soixante seize pays d'Afrique, des Caraïbes et du Pacifique (ACP) instituant des relations commerciales avec des droits de douane faibles à l'entrée sur le territoire de l'Union pour les produits venant de ces contrées. Seulement trente neuf de ces pays qualifiés de « moins avancés, de plus pauvres », bénéficient d'un accord encore plus avantageux dit « Tout sauf les armes » conclu dans le cadre de l'Organisation mondiale du commerce. Il permet d'exporter leurs productions en Europe sans restriction de quantité et seuls la banane, le sucre et le riz sont soumis à des conditions de quantité et de prix.

Vaste dilemme pour les Français qui sont obligés de se battre pour défendre nos produits dans ces conditions, face notamment au Brésil et aux autres producteurs. Cela n'a jamais été simple et les négociateurs ont souvent passé des nuits blanches car, dans ces cas-là, il faut savoir lâcher du lest d'un coté pour tenter d'obtenir un résultat qui soit moins mauvais pour vous de l'autre. Ces accords de Cotonou l'Union Européenne veut les remplacer. Les pays les moins avancés, autrement dit les plus pauvres, pourraient conserver les avantages de « Tout sauf les armes » mais les autres se verraient appliquer le principe de réciprocité avec l'ouverture de leur marché aux produits européens. On assisterait à la fin de la préférence commerciale au profit d'une zone de libre-échange.

Je comprends que les libéraux se félicitent de la fin de Cotonou mais se sont-ils demandés si les Antilles qui vivent la plupart du temps sous assistance économique en produisant encore un peu de sucre, un peu de banane sont en mesure de supporter la fin de ce partenariat. On oublie à chaque fois de prendre en compte la situation économique précise de ces iles. Il y a longtemps que la Guadeloupe, la Martinique, la Guyane et bien d'autres n'ont plus la maitrise de ce qu'elles produisent. Les usines de canne à sucre ont quasiment toutes fermé leurs portes ; les bananeraies sont largement en perte de vitesse. On a tout misé sur l'activité touristique qui, elle-même, est en baisse. Je ne vois pas comment l'on peut doper l'économie locale sans un apport massif de la France et de l'Europe. On ne peut pas éviter de faire des échanges commerciaux avec les autres États autour de ces iles. Ceux qui pensent que l'on pourrait se replier sur soi sont suicidaires.

Aucun pays au monde, fut-il grand ou petit, ne peut vivre et se développer aujourd'hui en se repliant sur ses frontières. Le mondialisme a tout balayé sur son passage. Est ce que cela veut dire que l'on doit tout laisser faire ? Ce n'est pas non plus la bonne solution. Il convient de se retrousser les manches pour accompagner, orienter et précéder si on le peut les coups de butoir du marché. Pour cela il ne faut surtout pas être seul. Il faut faire partie d'un ensemble et les Antilles ont cette chance mais on a l'impression que leurs habitants restent très frileux.

De quoi ont-ils peur ? Certains disent « d'eux-mêmes », d'autres pensent qu'ils ont peur de perdre leur créolité, de l'inconnu ou du grand plongeon. C'est vrai aussi que la Guadeloupe voit arriver depuis des années un nombre important de Dominicains, d'Haïtiens, de Montserratiens et d'autres habitants des Caraïbes et elle a du mal à les intégrer d'autant qu'ils viennent chercher du travail pour nourrir eux-aussi leur famille. En outre ils ne rechignent pas à faire ce que nous, Antillais, refusons de faire : à savoir tout ce qui est manuel. Désormais en

Guadeloupe les dominicains, les haïtiens pour ne citer qu'eux ont pris le relais. Ils vendent sur les marchés, ils coupent et attachent la canne à sucre pour les usines. Ce sont eux qui servent dans les restaurants, qui font la cuisine et qui font le ménage dans les hôtels. Ils ouvrent des magasins. Ils vendent sur les marchés locaux. Ils sont partout. Ils vont habiter là ou le Guadeloupéen ne veut plus s'installer car ils s'estiment trop éloignés de la ville. Petit à petit les immigrés deviennent des partenaires indispensables pour faire tourner l'économie locale. Que font nos compatriotes on se le demande et pourtant ils passent leur temps à les critiquer, à les montrer du doigt, à ricaner dans leur dos. Quand aux guadeloupéens et martiniquais qui décident de retourner définitivement sur leur île, après un passage en Métropole ou ailleurs, tout est fait pour les dégouter quand on ne leur demande pas de retourner d'où ils viennent.

Nos amis les guyanais connaissent le même phénomène : un président de la République française a fait venir et installer une communauté chinoise dans leur département. Les chinois se sont installés et vivent entre eux. Ils ne se mélangent pas trop avec les locaux. La Guyane est aussi confrontée aux chercheurs d'or qui viennent de partout et qui n'hésitent pas à tuer ceux qui se mettent en travers de leur route. Il y a la frontière avec le Brésil qui laisse passer tous les trafiquants qui vont et viennent une fois leurs méfaits réalisés. Il y a encore le déferlement de surinamiens qui viennent se faire soigner et chercher du travail.

9. LE DÉFI DU VIVRE-ENSEMBLE

C'est pourquoi je reste persuadé que les défis du vivre-ensemble doivent être repensés. Quand en Métropole on retrouve dans une école toute la planète, c'est la construction de la citoyenneté qui est remise en cause : elle ne doit pas être seulement française ni même européenne mais planétaire. Dans les années 1970, l'objectif pour l'Etat consistait à essayer d'aider les habitants des quartiers à faire valoir leurs droits au quotidien en matière de consommation, de logement et de cadre de vie. Désormais c'est le triangle de la socialisation qui est en cause, à savoir la famille, l'école, la ville et l'institution scolaire. Il y a là trois logiques qui ne peuvent être confondues mais qui doivent s'articuler. C'est un défi nouveau aussi pour l'école de la république. L'enseignant doit inventer avec ses élèves, en étroite liaison avec les parents, les conditions du vivre-ensemble et du parler-ensemble. Il est important de ne pas exclure les parents même si beaucoup ne maitrisent pas la langue. Certains il est vrai ne sont pas capables d'accompagner ou de régler les problèmes. Ils sont dépassés par les événements mais il ne faut surtout pas acter leur impuissance en se substituant à eux. Ce serait dramatique et on le constate déjà avec la violence, la drogue ou encore l'alcool.

L'enseignant doit être relayé par les gouvernements et les décideurs économiques qui doivent mettre tout en œuvre pour améliorer le cadre de vie. Ils doivent favoriser l'insertion dans la vie sociale et économique de ces jeunes issus de l'immigration. Malheureusement cela ne fonctionne pas. On laisse sur le bord du chemin tout un pan important de ces jeunes et que leur reste-t-il : La violence. Celle-ci s'installe durablement dans les quartiers.

On est surpris de l'étonnement des médias, des élus locaux et d'un certain nombre de bonnes consciences devant la violence d'une partie de ces jeunes. C'est, à mon avis, là-aussi un travail pour l'école mais pas seulement. Substituer à la violence des savoirs, le savoir de la violence c'est à dire prendre conscience de ce pourquoi on est dans une situation de refus et rechercher réellement ce qui permet de se retrouver ensemble malgré les clivages. Des clivages qui s'étendent à tous les étages de la société et que l'on retrouve dans la nourriture, l'habillement, l'instruction, le respect des lois et la religion.

En France la spiritualité ne semblait plus donner de souci depuis la séparation de l'église et de l'Etat, or voilà que le pays se retrouve face à la montée de l'Islam. Cette religion ne pose pas vraiment de problème si ce n'est la formation de ces représentants et le manque de mosquée pour la prière. Par contre les prêtres, les pasteurs suivent tous une formation pastorale et théologique pendant six ans pour assurer leur mission. Pourquoi ne forme-t-on pas des imams de France ? La question est posée mais la réponse se fait attendre. Je pense que par ce biais-là on pourrait éviter l'embrigadement de tous ces jeunes qui se retrouvent en prison pour purger leur peine. J'entends déjà certains, toujours les mêmes, accusés les religions d'être responsables de tout ce qui va mal dans les sociétés. C'est toujours au nom de ce Dieu que l'on tue, que l'on emprisonne, que l'on impose à l'autre. Je suis tenté de leur répondre : « si vous prenez le temps de lire les saintes écritures, vous verrez que tout est déjà écrit ». La mise en garde est clairement affirmée. L'homme est libre de faire, d'entreprendre mais il est son propre destructeur.

Comment parvenir à instituer les règles du droit dans tous les aspects de la vie quotidienne: économie, logement et consommation ? Nous devons éviter que les citoyens se résignent si nous voulons parvenir à éviter cette violence. Nous pouvons dans une citoyenneté apaisée être de toutes les religions, de toutes les cultures, de toutes les idéologies, de toutes les croyances et même de tout ce que l'on veut, il n'en reste pas moins qu'il faut nous mettre d'accord sur l'indiscutable pour pouvoir discuter. Il est bon de voir comment traduire « nul ne peut-être puni pour un acte qu'il n'a pas commis, dont il n'est pas responsable ou complice ». Voilà un principe du droit qui se formule négativement qui ne dit jamais ce que nous devons faire mais qui nous dit ce que nous ne devons jamais faire.

Interrogeons-nous pour savoir comment structurer ces principes du droit pour le vivre-ensemble, pas seulement dans les cités mais également à l'école. Nous vivons dans une société ou la totalité des savoirs humains double à peu près tous les six ans. Un enfant d'une classe de 6e en sait plus sur l'univers d'Aristote, le philosophe grec, né à

Stagire actuelle Sravros en Macédoine. Il était disciple de Platon. Il convient d'articuler dans l'école l'institution de la loi et la construction du savoir.

Nous sortons d'un siècle ou les plus hauts degrés de culture, de savoir et de compétence se sont mis au service des pires formes de barbarie. Dans nos sociétés d'aujourd'hui il y a une exigence à avoir, un défi essentiel à relever : faire comprendre que la violence ne peut qu'engendrer la violence. Il nous faut installer l'institution de la loi du vivre-ensemble. Puisque nous sommes de cultures diverses dans un même ensemble, il nous faut trouver les moyens de nous comprendre et de nous entendre.

Les Antillais doivent encore mieux le savoir que tous les autres. Ils ont payé et ils continuent à payer suffisamment cher pour le savoir. Il faut avoir une perception de l'autre comme un autre soi-même. Le racisme ce n'est pas du tout le refus des différences. Le racisme c'est le rejet du même dans l'autre différent, le refus de reconnaître l'humanité dans l'autre.

A mon avis, la construction des conditions du vivre-ensemble trouve ses fondations dans l'école. Cette éducation, cette capacité de sortir de soi-même, d'exister, c'est sortir de soi pour aller à la rencontre de l'autre parce qu'on se trouve reconnu par l'autre dans sa propre identité, dans ses propres filiations, ses enracinements familiaux, culturels et historiques. Pas facile donc de comprendre la complexité de ce qui se joue dans une classe ou l'on retrouve effectivement la totalité des cultures de la planète.

Le petit Antillais est tout de même un peu mieux armé dans cette bataille s'il a vraiment envie de s'en donner la peine. Il maîtrise la langue française et c'est déjà beaucoup. Mais il n'est pas facile de faire comprendre et d'inculquer à ces jeunes de la deuxième génération, à ces petits Antillais de métropole, le goût du savoir, le goût d'apprendre, de se cultiver et d'obtenir le sésame qui va leur permettre d'ouvrir des portes et d'entrer de plain pied dans la citoyenneté. Insérer ces jeunes, ça passe déjà par le logement. Les difficultés d'accès au logement sont avant tout à caractère économique. Quand l'on voit son père à la maison toute la journée, ou au café, cela ne donne pas envie de se lever et d'aller étudier pour apprendre un métier.

Évidemment ce n'est pas leur faute, on est allé les chercher pour travailler au moment ou il fallait reconstruire le pays. A ce moment là on a tout juste besoin de maçons et d'ouvriers non spécialisés pour faire tourner les chaînes de production dans les ateliers. C'est d'ailleurs de cette façon que beaucoup de mes compatriotes antillais sont arrivés en métropole et n'en sont jamais repartis. Ils se retrouvent aujourd'hui sur le même bateau que les immigrés et leurs enfants partagent les mêmes galères. Une personne d'origine étrangère qui a un gros capital économique n'aura aucune difficulté à se loger, en revanche pour ceux qui ont des ressources modestes, le critère économique n'est plus le seul à entrer en lice ; le critère ethnique, culturel est malheureusement une entrave.

Contrairement aux idées reçues, il existe une forte discrimination, quant à l'attribution des logements. Les bailleurs refusent en général de louer à des personnes d'origines étrangères. Les pratiques discriminatoires induisent un sentiment d'injustice produisant une méfiance accrue face au bailleur mais également un désinvestissement quand à la recherche de logement. Les candidats au logement confrontés à ce genre de pratique finissent par jeter l'éponge et se tournent vers un service social. Les jeunes, face à ces difficultés, ont tendance à se rabattre vers des formes d'habitat précaire (squat, hôtel meublé et foyer d'hébergement). Avec la crise économique et financière on voit se développer la colocation. Partager à plusieurs un logement pour tenter de s'en sortir. Certains prolongent aussi malgré eux la cohabitation dans la communauté familiale. Ils sont de plus en plus nombreux et, quand on les interroge, ils avouent qu'ils préfèreraient faire autrement que de rester chez des parents ou la vie est loin d'être si simple.

En réalité nos jeunes sont entre deux réalités. Celle du dedans qui renvoie à la culture famille et donc au pays d'origine et celui du dehors à savoir la sphère du social et donc la culture d'accueil. Pas facile pour eux de se positionner dans l'un ou l'autre. Il serait bon d'arriver à une interconnexion des approches et des disciplines tout en pacifiant, en réconciliant les cultures. Celle du dedans et du hors doivent se retrouver. Mettre par exemple des paroles françaises sur une musique venue d'ailleurs. Pourquoi ne pas encourager ceux qui sont nés ici à découvrir leur langue maternelle en dehors de l'école. Pour moi c'est une forme de pacification qui va dans le sens d'une intégration réussie. Ils ne se sentiraient plus rejetés puisqu'ils connaissent leur histoire. Il serait agréable aussi qu'il y ait un changement de regard professionnel.

L'immigration est souvent considérée comme un handicap culturel. Il faut l'appréhender plus sur le mode de la ressource. Continuer à faire croire qu'être immigré est toujours une difficulté et un handicap pour l'intégration ne fait que renforcer les mécanismes de désintégration. D'ailleurs ne fait-on pas le lien entre la crise de la société française et les jeunes issus de l'immigration. Que les Antillais se rassurent ils sont comptabilisés dans le lot : la fameuse fracture dont parle tout le monde. Cette idée est associée aux scènes de violence urbaines et des dégradations commises par les jeunes des banlieues. Elles alimentent le sentiment d'insécurité, défraient régulièrement la chronique et sont devenues un fonds de commerce pour les campagnes électorales. Mais les politiciens ont tendance à oublier qu'ils ont affaire là à des jeunes Français issus justement de l'immigration et qu'il serait bon de s'occuper d'eux d'une autre façon au lieu de les montrer du doigt et de les rejeter.

Les repousser vers quoi puisqu'ils sont nés là sur le sol français ? Des petits Français dont on n'a pas facilité l'intégration dans notre société. Sont-ils devenus trop visibles ? Sont-ils désormais trop nombreux ? Ont-ils le tort de ne pas adopter les us et coutumes sans rechigner ? Qu'est ce qui fait qu'ils sont devenus rebelles ? Pourquoi passent-ils leur temps à revendiquer une place ?

Fractures, ruptures, violences et rejets, voilà dans quel univers ils évoluent. On retrouve tout cela dans le logement, dans les transports, dans le travail, dans les loisirs et les activités culturelles. Ceux que l'on retrouve au tribunal, dans les commissariats, dans les prisons sont quasiment tous issus de l'immigration. Ils sont beurs, renois ou métis comme ils se définissent eux-mêmes par rapport aux « Français de souche ».

A coté du mot fracture, s'est ajouté il y a quelques

années le mot « médiation ». Si l'on prend le cas de ces jeunes, ils n'ont jamais connu cette unité et cette paix. Elles n'ont jamais existé entre eux et la société, entre eux et les adultes, entre eux et les institutions. On peut s'apercevoir que les jeunes qui ont 22, 25 ou 28 ans sont nés avec le début de la crise profonde qui affecte la société, qui a mis fin à la période dite des Trente glorieuses. Ils sont frappés de plein fouet et beaucoup plus que les autres. Ils ont été ignorés, on ne leur a laissé que des miettes et les expressions les plus négatives sont très souvent employées à leur sujet (tête de turc, d'arabe de nègre, etc...).

L'abandon des quartiers sensibles, dû souvent au recul de l'État et à son impuissance, a fait le reste. Pourtant les habitants de ces quartiers, hormis un petit nombre facilement identifiable, ont montré leur volonté de lutter contre la violence et l'errance des plus petits. Beaucoup d'initiatives privées, associatives ont vu le jour pour rendre la vie dans les cités moins rudes tout en servant de médiation interculturelle. L'Etat a-t-il encore les moyens de garantir la cohésion et l'unité sociale ? Peut-il restaurer la fonction du médiateur culturel pour éviter que l'espace public ne soit livré, voué à la confusion et à la violence. Si la tendance du laisser-faire se renforce et se confirme, la marginalisation et l'exclusion de certaines franges de la population ne feront que s'amplifier et nous commençons à percevoir ce que cela peut nous apporter.

Que pouvons-nous proposer, partager ? Quel respect doit être le notre par rapport à notre culture, notre besoin de vivre ensemble bien que nous n'ayons pas les mêmes références ? L'institution devrait suivre nos aventures mais souvent elle résiste, se cabre, refuse de nous entendre et, parfois, exclut puisqu'il s'agit de modifier son regard, sa relation à l'autre, ses préjugés, ses peurs. Les jeunes issus de l'immigration, dont les jeunes Antillais se sentent solidaires, ont l'impression d'être des orphelins et ils le sont des deux cotés. Ils n'ont pour la plupart jamais rencontré Jean-Jacques Rousseau qui disait que l'esclavage est contre nature dans « le contrat social » ou encore Montesquieu qui, entre parenthèses, a repris ironiquement les arguments des esclavagistes pour mieux les dénoncer. Sur leur route ils retrouvent toujours les mêmes, ceux qui habitent dans leurs quartiers, qui vont dans les écoles, qui fréquentent les mêmes structures sportives installées dans leur secteur. Leur monde ne va pas au-delà. Leur seule échappatoire, c'est la télévision qui leur donne envie de consommer, de profiter des choses merveilleuses de la vie alors qu'ils n'en ont pas les moyens.

Alors dans leur tête, ça bouillonne, ça travaille et le résultat est là. On en fait des frustrés, des envieux, des revanchards. Puis quand ça « pète » dans les banlieues, on envoie la police qui ne fait pas souvent dans la dentelle. Elle a reçu pour consigne de rétablir l'ordre et, quelquefois, elle ne se fait pas prier. Il faut dire qu'elle n'est pas souvent reçue avec les honneurs. Des pierres, des bouteilles en guise de bienvenue et même des armes de guerre dans certains cas. Puis une fois l'orage passé et quelques fauteurs de trouble expurgés, on tente la médiation.

On fait une médiation quand il y a un conflit manifeste ou quand il y a une guerre. On commence par créer un cadre pour entamer cette médiation et l'on ne peut se comprendre que si l'on parle le même langage. Dans les quartiers ou l'on retrouve les immigrés en grand nombre, il est bien difficile d'imposer un cadre ou tout le monde pourrait s'y retrouver. Alors que font les pouvoirs publics ? Ils installent des médiateurs issus du quartier en question. Ils servent de grand frère, ils aident à éviter les conflits voir les violences, mais dans la situation complexe que nous vivons, ils sont dépassés par les événements.

Comment peuvent-ils réussir là où l'école n'a pas réussi, là où la société n'a pas su imposer ses règles ? Vaste dilemme car celui qui s'arrache de sa culture pour en adopter une autre a besoin qu'on l'accompagne, qu'on lui explique les raisons du « dedans et du dehors ». S'il ne comprend pas qu'il doit porter une culture à l'intérieur de lui, culture dont il doit s'arracher, pour s'installer dans une autre, il finit par adopter un comportement ambigu. S'il ne parvient pas à décrypter ce nouveau monde dans lequel il est appelé à évoluer, il commence à fonctionner au ralenti. Il peut aussi adopter une attitude qui va sur-interpréter le réel ou le sous-interpréter. Le jeune immigré va vivre un traumatisme à petites doses. Le monde s'effondre pour lui.

Au seuil de chaque institution, il est confronté à cette contradiction entre la vie culturelle du pays d'accueil et celle de la culture du pays d'origine. Ses parents, sa famille lui parlent dans une langue, lui font vivre les traditions de leur pays d'origine et, dehors, il est confronté à un autre langage, à d'autres traditions qu'il ne maîtrise pas. On peut aussi se demander pourquoi les jeunes des banlieues parlent tout le temps de respect ? Apparemment ils se réfèrent à l'honneur. Et c'est quoi l'honneur. Nous pouvons en discuter très longuement mais quand à savoir ou chacun le place, c'est une autre histoire. Je ne pense pas que le sens qu'ils donnent à ce mot correspond réellement au sens que lui donnent nos amis métropolitains. Ils parlent de la parole donnée qui doit-être respectée. Et puis pour comprendre tous ces immigrés de la deuxième génération il serait intéressant de savoir comment aux Antilles, comme dans les pays d'Afrique et du Maghreb, les villages, les tribus, les confédérations sont organisées.

On dit qu'ils vivent toujours en groupe, les hommes d'un coté, les femmes de l'autre. C'est une réalité mais elle est bien courte. Il convient d'aller plus loin. Quand vous sortez de votre maison, vous rencontrez le clan. Il y a le seuil de la porte. Vous êtes le représentant de la maison. Quand vous êtes au seuil du clan vous êtes le représentant du clan et quand vous êtes au seuil du quartier, que se passe-t-il ? Eh bien vous êtes celui qui le représente. Les jeunes sont donc pris dans un emboîtement, dans des cercles concentriques d'appartenance qui vont l'enraciner au sol. Dans le quartier de nos banlieues qui l'enracine au sol ? Personne, car ici il n'y a plus de sol, plus de représentants d'ancêtres. Il n'y a plus les assemblées de village, tout ce qui est censé relier le jeune au sol. Alors il se fabrique tout seul et nous avons des résultats plutôt désastreux. Ils se brisent de l'intérieur. Il y a un malentendu aussi avec le sacré. La religion devient un refuge pour beaucoup. Et comme il y a incompréhension entre les uns et les autres, on finit par tout amalgamer, même si certains cherchent à imposer aux autres leur vision du comment et de ce qu'il faut croire. La foi est une chose personnelle et qui doit le rester. Chacun prie son Dieu comme il l'entend.

Moi je suis assez stupéfait de voir le détachement de nos jeunes par rapport à ce qui se passe dans la société. Un exemple assez frappant : je vois des jeunes convoqués au tribunal pour avoir commis des meurtres. Eh bien, ils sourient !!! On a l'impression qu'ils sont ailleurs dans un autre univers. Quand on leur annonce le verdict, ils continuent à se « marrer ». Il n'y a pas en eux un brin de sentiment de culpabilité. Ils disent qu'ils ont été possédés par le diable. Pourquoi ces jeunes arrivent ils à se relier à ces choses-là ? En fait, ils ne sont plus dépositaires de leur mémoire. Une partie de celle-ci se trouve chez les grands parents ou les parents. Ils ne savent plus qui ils sont ? D'où ils viennent ? Il faut réactiver cette mémoire. Leur dire pourquoi les parents sont venus là. Comment sont-ils nés et pourquoi on les a nommés de cette façon ? On va ainsi leur apprendre de nombreuses choses qui vont s'imprimer dans leur mémoire. Ceux qui passent leur temps à parler de l'échec de l'intégration à la française devraient tenter de se mettre à la place de ces gens que l'on déracine ou qui, contre vents et marées, viennent échouer sur des rives « plus hospitalières que chez eux ».

Ces personnes qui arrivent en Métropole vivent un clivage entre la culture intérieure et la culture extérieure. Il faut les aider à s'intégrer et à se ré affiler. Il convient de se poser des questions de fondations et de rupture migratoire. Vais-je m'installer définitivement ? Dois-je couper à jamais les branches qui me lient à un autre ailleurs ? Ils sont dans le monde du pourquoi ? Quant aux parents, ils sont dans celui du comment ? Comment faire pour relier le pourquoi et le comment ?

La Métropole arrive partout avec la bannière de l'égalité mais pourquoi continue-t-elle à vouloir faire de ceux qu'elle accueille des humains de seconde zone ? Si nous comparons la situation aux États-Unis on découvre qu'à New York, cent trente communautés se retrouvent et vivent en toute harmonie. Personne ne semble gêné ou mal à l'aise lorsqu'on interpelle quelqu'un dans la rue ou ailleurs en lui disant « salut l'américain » qu'il soit blanc ou noir. Personne ne semble se retourner pour ricaner hypocritement dans un pays ou noirs et blancs se sont longtemps défiés.

Immigration/intégration ne semblent plus à l'ordre du jour en France. Il y a une tendance très forte chez beaucoup d'hommes politiques qui consiste à dire: on en peut plus d'accueillir n'importe quel immigré, il convient de faire des choix et de mettre en place des quotas. On veut aller chercher les meilleurs dans ces pays d'immigration et « comme ça on sera tranquille ». C'est un peu court. Il vaut mieux aider économiquement tous ces gens à rester chez eux et surtout l'élite de ces pays pour qu'elle puisse participer au développement de leurs continents et tout faire pour conserver leurs semblables chez eux. Mais cela n'exonère pas pour autant la France de donner leur place à tous ceux qui sont déjà sur le territoire, de tous ceux qui sont nés là. Si on se retrousse sérieusement les manches, on peut encore réussir des assimilations.

Au moment ou l'école de la République jouait son rôle, ou l'on faisait respecter les lois, le rouleau compresseur fonctionnait. Aujourd'hui on accepte tout et son contraire. On laisse faire n'importe quoi. Les parents ne sont plus maîtres chez eux. Si vous corrigez votre enfant parce qu'il a fait une bêtise, vous êtes convoqué par les services sociaux, voire la justice pour mauvais traitement. Le professeur n'a même plus le droit de réprimander un écolier sinon il aura affaire au déchaînement de colère du père ou de la mère. Antillais « fils et filles » d'immigrés sont, comme tous les autres, confrontés au même dilemme avec un souci en plus : le lien avec leurs départements et leurs pays d'origine. Alors on entend dire désormais qu'il y a trop de noirs, trop d'arabes, trop de chinois sur le continent, dans les équipes de football, dans les quartiers. Il est un peu tard pour réagir, il fallait y penser avant et contrôler cette immigration que l'on a poussé à venir sans aucun contrôle. On a même organisé en son temps des regroupements familiaux et voilà que, tout d'un coup, on découvre que ces gens on vieilli et ont fait des enfants et leur présence pose de sérieux problèmes. Le fossé se creuse car suffit-il d'avoir une carte nationale d'identité pour se dire français ?

Déjà au sortir du colonialisme, nombre d'affranchis le croyaient et pensaient être enfin à l'abri des difficultés qu'ils pourraient rencontrer malgré la couleur de leur peau. Ils ont vite déchanté et rien n'a vraiment changé en Métropole. On vit toujours dans le non-dit, on vous tolère, vous faites partie du quota nécessaire dans un certain nombre de cercles pour faire bien, pour prouver son ouverture d'esprit. Mais ne croyez surtout pas que tout va bien dans le meilleur des mondes. Une fois que vous avez le dos tourné, il suffit d'entendre les commentaires pas toujours très agréables qui sont faits à votre sujet et quelquefois les blagues les plus désobligeantes qui circulent sur les personnes de la même couleur de peau que vous. On s'empresse, bien sûr, de vous dire que cela ne vous concerne pas. Vous êtes comme nous à savoir une personne bien éduquée avec les manières qu'il faut. Les Français ne sont toujours pas à l'aise avec leurs anciennes colonies. Les hommes politiques ont décidé de leur donner leur liberté mais la grande majorité de ceux qui vivaient et prospéraient sur ces terres ont dû partir, tout abandonner avec la rage au ventre.

Ce sentiment d'avoir tout sacrifié ne les a jamais

quittés. Je me souviendrai toujours de la réflexion faite par la mère d'un ami métropolitain à mon sujet : cela se passait aux vacances de Pâques, nous étions tous les deux descendus dans sa famille à Pau dans les Pyrénées pour trois jours. Nous arrivons le vendredi vers 19 heures. Sa mère vivait seule dans un appartement très cossu, le père avait trouvé la mort dans un accident de voiture quelques années auparavant. Elle m'accueille normalement, me fait visiter la chambre ou je vais dormir puis arrivent entre temps sa fille et son mari. Mon ami fait les présentations, nous prenons l'apéritif au salon et ensuite nous passons à table. Tout se déroule parfaitement bien.

A la fin du dîner, le jeune couple prend congé et m'invite le lendemain à les accompagner sur le champ de course de Pau ou ils entrainent des chevaux. C'est à ce moment que la mère se tourne vers mon ami et lui dit « Dieu soit béni, nous sommes encore vivants ». Étonnement de mon ami qui interroge sa mère sur cette réflexion pour la moins curieuse. Sa réponse est sans ambages : « Avec tout ce que j'ai lu dans les livres sur les noirs, je croyais qu'il allait nous manger à la fin du repas ». Je ne vous raconte pas la tête de mon ami en entendant ces mots. Pas besoin de vous raconter son embarras. J'ai, bien sûr, rassuré cette dame et, depuis, nous avons beaucoup discuté de l'attitude de l'autre quand il ne connait pas l'étranger qui est en face.

Une autre anecdote qui m'a bien fait rire mais beaucoup plus tard : Pendant les vacances d'été pour me faire un peu d'argent afin de poursuivre mes études l'année suivante, je décroche toujours dans la ville de Pau un travail de saisonnier. Je suis embauché comme chasseur dans un grand hôtel qui existe toujours, mais qui a changé de nom depuis. Cela faisait trois semaines que j'assurais mon service et un matin je découvre dans un journal local une petite annonce, qui propose un poste toujours pour la saison, d'aide réceptionniste dans un palace de la ville de Biarritz, une ville que je ne connais pas mais dont j'ai beaucoup entendu parler.

Je décide de postuler immédiatement et j'envoie mon CV au directeur du grand hôtel. Trois jours plus tard, je suis seul à la réception de l'hôtel de Pau et le téléphone sonne. Au bout du fil le Directeur du Palace de Biarritz. Bonjour puis-je parler à Monsieur le Propriétaire de l'Hôtel. Je réponds : Voulez-vous ne pas quitter, je vérifie s'il est disponible ? A cette époque il y avait dans l'entrée une cabine pour passer les communications aux clients. Je ne prends même pas le temps de réfléchir aux conséquences, je transfère la communication dans la cabine, je m'y rends, je mets mon mouchoir sur le combiné et je réponds à toutes les questions me concernant et à la fin de la conversation, le Directeur du Palace, me dit, j'ai une dernière question à vous poser : « Il a l'air parfait ce jeune homme mais la couleur de sa peau ne risque-t-elle pas de poser un problème par rapport à la clientèle très bourgeoise de mon hôtel ? Je reprends mon souffle, car je tremble dans la cabine, la peur m'envahit et je réponds avec beaucoup d'assurance : « Monsieur X, je n'ai jamais constaté aucun mouvement de recul face à ce jeune homme et je crois que ma clientèle ne se rend même pas compte de la couleur de sa peau. Il est très apprécié par tout le monde et j'aimerais le conserver dans mon équipe »

Le lendemain de cette conversation je reçois un télégramme me demandant de prendre mon poste le lundi suivant. En arrivant sur place, j'ai été très bien accueilli, mes deux mois au Palace se sont déroulés merveilleusement bien puisqu'il m'avait demandé de revenir la saison suivante.

J'ai aussi découvert à ce moment là que les femmes blanches étaient loin d'être insensibles au charme de l'homme antillais. Dans une petite rue adjacente je voyais chaque jour une bien jolie jeune femme qui faisait les cent pas sur le trottoir, je me demandais bien (petit naïf que j'étais) ce qu'elle pouvait bien faire quasiment tous les jours à cet emplacement. Puis un beau jour elle m'aborde pour me demander si mon boulot se passait bien. J'ai évidemment répondu que tout allait bien et elle me dit : tu as bien de la chance de fréquenter tous ces gens « bourrés aux as ». Gentiment je lui fais comprendre que je ne les fréquente pratiquement pas puisque je suis aide-réceptionniste à l'hôtel. Je les vois à leur arrivée et au moment de leur départ à moins qu'ils aient besoin d'un service ensuite pendant leur séjour en ce qui concerne la réception. Du coup elle me propose un marché à savoir « comme tu es beau gosse avec une belle gueule je te propose de coucher avec moi une ou deux fois par semaine et tu me ramènes quelques riches clients que tu auras repérés auparavant ».

Encore puceau sa proposition fait tilt et je me dis, sans chercher à aller plus loin, voilà la bonne occasion et comme je dois prendre mon service, je lui propose de se revoir le soir. Le Réceptionniste en chef avait suivi ma conversation avec la jeune femme et à peine arrivé à la réception, il me prend à part et me dit : fais gaffe car tu as affaire à une prostituée et si les policiers te voient avec elle, ils vont déduire que tu es son souteneur, en plus comme tu es un nègre, ils ne vont pas te faire de cadeau.

Je peux comprendre qu'il me mette en garde mais pourquoi employer le terme de nègre. Ces propos illustrent bien le décalage qui existe encore entre le métropolitain et ceux qu'il a colonisés, affranchis et décidé de recevoir chez lui.

A une époque, on a reçu l'étranger, on l'a parqué dans un coin, là où on ne le voyait pas trop. On lui a donné à faire le sale boulot manuel dont on ne voulait pas. Il semblait se tenir tranquille. La messe était dite. Mais, tout cela a explosé. Il est devenu trop visible. Il s'est un peu trop installé. Il pose problème à la laïcité. On décide de légiférer pour le contenir dans des limites raisonnables et surtout compatibles mais ça craque de partout. Alors comme on n'y arrive pas, on commence à parler de quotas. Quand nos hommes politiques vont-il finir par comprendre qu'il faut parler des choses qui fâchent au lieu de tourner sans cesse autour du pot.

S'ils avaient pris à bras le corps les problèmes des départements et des territoires d'Outre-mer dès la fin du colonialisme en les intégrant vraiment dans l'ensemble français, et en assumant tout ce qui s'est passé à cette époque là nous n'en serions pas là. Les Français d'Outre-mer en sont venus à mettre en avant leur « antillanité » comme s'ils ont honte de dire qu'ils sont français, qu'ils viennent de telle région comme le font les métropolitains qui arrivent de Bretagne ou de Poitou-Charentes.

Quel est le noir ou l'arabe qui n'a jamais été confronté à un front plissé quand il rentre dans un magasin, une boulangerie ? Le commerçant ou le vendeur se demande s'il va comprendre le langage de celui qui entre dans ses locaux. Là encore l'immigré est obligé de se demander s'il est vraiment accepté comme faisant parti de la communauté française ou s'il est un étranger de passage ? Si les Anglais, les Allemands ou encore les Américains faisaient la même chose vis à vis des touristes français, que n'aurait-on pas entendu ? Cela prouve bien que le Français n'est pas prêt à accepter l'autre, l'étranger. Il est définitivement allergique à cet autre-là mais l'autre fait-il l'effort nécessaire ? Pas si sûr, car beaucoup de choses les séparent.

Quand on va chez l'autre, c'est vrai que l'on doit respecter ses traditions, respecter ses règles et tenter de vivre comme lui. Il ne faut pas se voiler la face non plus quand on voyage, quand on visite certains pays, on est obligé de se plier aux règles des lieux, donc la réciprocité doit-être appliquée surtout quand on entend s'intégrer dans le pays de l'autre. Seulement il faut lui donner toutes ses chances à l'étranger dès le départ en lui apprenant sans détour ce qui fonde la République française. Il faut refuser de le parquer avec ceux qui sont déjà présents sur le sol en le laissant se débrouiller seul, en le poussant à ne pas reconstruire ce qu'il a laissé derrière lui et, une fois qu'il sort des clous, lui tomber dessus. Pour parvenir à redresser la barre, il serait bon de séparer le bon grain du mauvais et arrêter de mettre tout le monde dans le même sac. Comme on dit dans toutes les races, il y a des gens qui respectent les règles et un petit nombre qui se met hors des clous et qui est par conséquent irrécupérable.

Dans nos banlieues « bleu blanc rouge plutôt bleu rouge » il y a un travail à réaliser de toute urgence. Il convient d'ouvrir les portes, de nettoyer les caches d'escalier, de casser tous ses grands ensembles et d'en finir avec ces cages à poule ou l'on entasse les immigrés et leurs enfants. Ainsi on va éviter que les enfants se retrouvent sous la coupe des grands frères qui passent leur temps à dealer. On va aussi libérer toutes ces femmes qui pour payer leur loyers et subvenir aux besoins de leur progéniture deviennent des gardiennes de substances illicites pour les caïds des quartiers.

Le gouvernement et ses représentants devraient aussi

s'interroger sur tous les règlements de compte qui ne cessent d'augmenter dans ces secteurs d'autant que ce sont des gamins de plus en plus jeunes qui se font canarder. Ils vivent sous la contrainte des plus forts, de ceux qui tiennent le pavé. On est confronté à la bande. Elle tient tout le monde sous sa coupe. On ne doit surtout pas parler et encore moins coopérer avec la police et la gendarmerie sous peine de représailles et de menace de mort pour la famille. La population se terre, se cache pour éviter les mauvaises rencontres.

Quand un drame survient, qu'un jeune meurt dans un accident ou se fait tuer on organise une marche blanche pour rendre hommage à la victime, pour dire plus jamais ça, pour rassurer la famille, pour tenter de tranquilliser le quartier. Mais est-ce cela la solution ? Je ne le pense pas. Quand on passe dans ces quartiers, les rares cafés sont pris d'assaut tout au long de la journée par les petits dealers et leurs rabatteurs. Ils contrôlent le territoire, ils tiennent le mur comme ils disent. Pas question pour un étranger à la bande d'y entrer. Il est épié, surveillé et les regards qui lui sont jetés lui font vite comprendre qu'il est indésirable ici, quand on ne lui demande pas s'il appartient à un service de police. Tout cela n'est un secret pour personne. Vous avez des gens qui travaillent, qui gagnent leur vie honnêtement et qui sont obligés de subir cette situation imposée sans pouvoir réagir. Des voitures sont brulées sans cesse dans les quartiers, histoire de maintenir la pression, de faire régner la terreur. Si tu ne tiens pas bien, voilà ce qui t'attend. Pourquoi ne fait-on pas grand chose pour éradiquer tout cela ?

Un autre phénomène est en train de prendre de l'ampleur : les jeunes nés dans ces quartiers et qui basculent soudain dans le néo jihadiste. Au départ des petits truands ou des vendeurs de drogue qui basculent en rejetant le pays où ils sont nés. On peut parler de jeunes déstructurés qui abandonnent la délinquance de droit commun pour se retrouver dans de petits groupes bien déterminés à passer à l'acte et prêts à mourir en martyr.

Ce sont souvent des convertis beurs, renois, métis, qui ne font pas partis de la filière d'Al-Qaïda. Ces jeunes ont souvent le profil de personnes en recherche de quelque chose et quand ils tombent sur un beau parleur, un tribun, ils se laissent embobiner et ils finissent par tomber dans une radicalisation soudaine et rapide. Ils espèrent ensuite se rendre dans les zones jihadistes pour se former au combat. Il est bien difficile d'agir face à des réseaux terroristes qui sont dans les quartiers et bien insérés d'autant qu'il ne s'agit plus d'étrangers mais de jeunes français musulmans. Ils se recrutent souvent sur Internet. Ils y passent leurs journées et les parents souvent déconcertés ne savent plus comment faire pour les ramener à la réalité.

Certains découvrent même la réalité du quotidien de leurs enfants une fois qu'ils sont arrêtés, condamnés et jetés en prison. Pourquoi tombent-ils en se convertissant à l'Islam radical ? Pourquoi disent-ils qu'ils vont « mourir un jour » et qu'ils doivent partir « l'âme en paix » ? Beaucoup de questions demeurent sans réponse d'autant que nous découvrons qu'il existe beaucoup de jeunes Chrétiens dans ces groupes et qui ont pour certains suivis le catéchisme. Les jeunes antillais se retrouvent eux-aussi emportés dans ce tourbillon. Notre Dieu est-il d'Amour ou est -il un Dieu de Guerre ? Aime t-il tous ses enfants ? Laissons-là ces interrogations. Nous ne pouvons y apporter de réponses claires et définitives et puis même si nous avions un début de réponse, qui nous croirait…

Pour le moment il convient donc de ne plus tolérer de zones de non droit sur le territoire. Si rien n'est fait dès maintenant, on verra se lever des gens qui prendront des chemins détournés, pour éradiquer le mal. Il faut combattre les pourvoyeurs de substances illicites certes mais il convient de remonter toute la filière si l'on veut réellement agir. Il faut couper les têtes de réseaux. Seulement il y a tellement d'intérêts en jeu, de pays voir de régions qui produisent sans oublier aussi ceux qui sont chargés de blanchir cet argent sale, que l'éradication prendra beaucoup de temps. Pourquoi a-t-on laissé perdurer de telles situations pour mieux stigmatiser ensuite une partie de cette population ?

Les gens de ces quartiers vivent au quotidien avec les dealers. Ils les voient tous les jours et ce sont eux qui doivent baisser les yeux. Ils menacent les plus jeunes, les plus faibles. Ils ont l'impression d'être les plus forts. Pour vivre et entendre les personnes qui vivent dans cet enfer permanent il faut arriver à se fondre dans la masse. Vous pouvez toujours y aller mais vous ne pouvez recueillir le témoignage de ceux qui vivent constamment dans ces zones dites « réservées ». Vous entendez dire par une famille ou un animateur de quartier que tel ou tel personne a été la cible d'une agression vraisemblablement orchestrée par des jeunes impliqués dans un trafic de drogue. Comment faire pour protéger les habitants qui se mobilisent contre le trafic de drogue. Les voyants sont au rouge. La cote d'alerte est atteinte partout. La liste des morts, des fusillades et les intimidations ne cesse de s'allonger.

Les points de vente de drogue ne cessent de s'étendre. Ne soyons pas hypocrites, cette économie parallèle arrange beaucoup de monde. Les jeunes qui aiment l'argent facile, qui n'ont pas envie de se lever le matin, pour aller au boulot, vous disent « pourquoi j'irai travailler pour gagner 1000 ou 1200 euros par mois », alors que je peux avec mon trafic gagner cette somme en une voir deux journées. Il est très facile de repérer tous ceux qui s'adonnent au trafic dans les quartiers : ils ne travaillent pas, ils ont toujours sur eux beaucoup d'argent liquide, ils circulent pour la plupart dans de grosses voitures étrangères avec des vitres teintées. Comment arrivent-ils à blanchir tout cet argent. Ils doivent bien investir en France ou dans les pays d'origine. On a tous rencontré un jour sur une route nationale ou une autoroute trois ou quatre voitures noires très puissantes qui se suivent revenant de l'Espagne, de la Belgique ou encore des Pays-Bas transportant de la cocaïne ou toute autre substance. Si ces voitures sont visibles pour nous automobilistes, elles le sont pour la police ou encore la gendarmerie.

Il faut dire que les pouvoirs publics ont mis là ou c'est plus visible des dispositifs policiers pour tenter d'endiguer le phénomène : unité territoriale de quartiers devenue brigade spécialisée de terrain, périmètre de sécurité renforcée et zones de priorité sécuritaire mais pour le moment les résultats se font attendre.

Désormais on appelle à la mobilisation citoyenne pacifique des habitants. Doivent-ils aller déloger les dealeurs qui établissent leur commerce dans les immeubles ? Doivent-ils organiser la résistance pour se protéger et avec eux leur famille ? Pourquoi pas mais tout cela comporte de gros risques si derrière l'Etat ne prend pas le relais pour mettre hors d'état de nuire tous ces dealeurs. Sur place vous êtes constamment épiés. Entre voisins, on se dit bonjour, bonsoir pas plus. Les policiers se font insulter. Quand ils arrivent, il y a toujours un guetteur pour donner l'alerte et dès qu'ils repartent la vente recommence. Il ne leur manque plus que les tréteaux et l'enseigne.

Depuis quelques années nous assistons aussi à la naissance d'un autre phénomène qui se développe à une vitesse impressionnante à savoir le développement de la prostitution masculine des jeunes issus des quartiers difficiles et aussi des centres villes. Pour payer leur drogue, pour sortir en ville, pour aller au cinéma ou prendre un verre ou pour s'offrir des habits de marque, ils vont sur des sites de rencontres sur internet et proposent leur service pour quelques dizaines d'euros. Ils tentent de se débrouiller comme ils peuvent. Ce sont des exclus du système qui finissent par tomber dans la facilité parce que souvent ils n'ont pas d'autres choix. Vendre leurs corps ne les dérange pas car pour eux il s'agit d'une marchandise comme une autre.

Alors, on nous parle sans arrêt des sans-papiers qui viennent compliquer la vie des autres. Eh bien attaquons nous sérieusement à ces filières d'immigration clandestine qui déversent en Europe chaque année de plus de plus en de malheureux. Elles sont connues et répertoriées pour la plupart. Comment peut-on laisser tous ces passeurs profiter de la misère humaine d'autant que ces gens donnent tout ce qu'ils ont pour payer un transport et beaucoup n'arrivent jamais au bout. Les bateaux se renversent et le voyage s'arrête sur les mers pour beaucoup. En plus une fois arrivés en France, en Angleterre, en Allemagne ou en Belgique, ces clandestins risquent à tout moment d'être contrôlés et sans visa on les retourne chez eux par charters affrétés pour l'occasion. Mais ce qu'ils oublient tous ces clandestins c'est qu'on ne les attend pas. Ils viennent simplement grossir les rangs de tous ceux qui trainent déjà dans les rues, sur les trottoirs d'un pays qu'ils ne connaissent et dont ils ne parlent même pas la langue.

Beaucoup d'associations tentent de leur venir en aide pour les loger, ou pour les nourrir mais cela ne peut durer éternellement. Ne rien faire, c'est une façon de noyer le poisson car si l'on veut se donner les moyens pour réussir cette fameuse intégration dont on ne cesse de parler, il faut commencer par nettoyer les quartiers et investir intelligemment sur la tête de ceux qui sont déjà là et entrés ici normalement. Comment dans ces conditions parvenir à se faire rencontrer des gens qui n'ont pas la même vision. Les cultures s'entrechoquent mais ne fusionnent plus. La faute à qui ?

On peut épiloguer éternellement sur le passé, sur le fait de se rappeler qu'en son temps la France a été une machine à intégrer, à broyer et qu'elle a perdu la main, et qu'elle se laisse imposer leur vision par ces immigrés et leurs enfants. Je ne dis pas qu'il faut trier, qu'il faut sélectionner comme disent maintenant nos politiques. Non je crois qu'il convient de reprendre la main et de reprendre son bâton de pèlerin pour intégrer ceux qui sont déjà sur le sol français. Arrêtons ce paternalisme de bon aloi. Ouvrons grands nos yeux pour se rendre compte que nous avons loupé quelque chose de fondamental à savoir le partage du savoir, de la découverte et de la rencontre. Rencontrer l'autre, l'étranger, c'est apprendre à le connaître et l'amener à partager avec vous vos valeurs, vos traditions sans pour autant l'obliger à se renier. C'est ainsi que l'immigré, qui arrive et décide de finir son existence sur ce territoire, va chercher à s'intégrer. Il doit apprendre à parler la langue.

Nous ne devons pas laisser se développer des zones de non droit à la périphérie de nos agglomérations.

Sachons respecter l'immigré mais restons ferme sur les principes. En France, chacun est libre de choisir son médecin traitant, d'aller et venir comme il l'entend. On peut manger ce que l'on veut. Pourquoi certains immigrés sur le sol français imposeraient leurs coutumes, leur façon de se nourrir, de se vêtir ? Lorsque l'on est invité chez quelqu'un, on déguste ce qu'il vous a préparé, on ne réclame pas un repas spécial, on communie ensemble pendant deux heures ou trois. Il convient certes d'éviter les caricatures, les stéréotypes, mais on s'interroge pour savoir si les français ne se demandent pas si les immigrés ne sont pas moins intelligents qu'eux ? C'est un peu ce qui s'entend dans les quartiers ou les étrangers se retrouvent de plus en plus par origine ou par religion. Ce qui peut expliquer pourquoi certains jeunes issus de l'immigration, voire des Antilles, tentent de recréer l'univers de leurs parents. La cassure est là.

On parle beaucoup de la drogue qui circule dans nos quartiers mais il y a un autre phénomène qu'il faudra bien prendre en compte à savoir le débit mitraillette des jeunes des quartiers. C'est un accent qui fait rire les autres avec une façon brutale d'achever les phrases ou de prononcer les « r ». Cet accent de banlieue délimite une sorte de territoire symbolique qui répond à un besoin de reconnaissance. Il permet de se démarquer d'une société qui les rejette à l'image du look capuche-survêt. C'est une manière de se donner un genre. En dehors du quartier, c'est très mal perçu, les personnes peuvent se sentir agressées. La tendance commune chez les jeunes des quartiers est dans l'utilisation de phrases courtes. La phrase complète avec proposition principale et subordonnée n'est jamais employée, ce qui donne l'apparence d'une rythmique unique. Ce sont toujours des formules toutes prêtes mais connues et dont l'utilisation marque l'appartenance au groupe.

On va dire que le rap et son phrasé « coup de poing » ont joué un rôle dans cette rythmique verbale. Cette mélodie très « cash » est aussi une façon d'exprimer une rage, une agressivité. Tout cela est bien handicapant lorsque l'on recherche un emploi. Pour tenter de gommer cet accent on voit naitre des cabinets de coaching. Ils font se rencontrer les jeunes des quartiers et des chefs d'entreprises. Ils travaillent sur la prise de parole et la diction. On leur donne des clés pour effacer leur accent quand ils vont se retrouver face à un recruteur. Cette mélodie est un frein, une barrière dans l'entretien d'embauche. C'est d'autant plus stigmatisant que la personne présente un niveau de qualification assez faible et un bagage culturel pas très élevé. Ses intonations « très percutant» font donc partie pour certains de la culture urbaine.

Je pose la question : Au nom de quoi doit-on laisser faire ? On doit faire respecter le droit de vivre ensemble. Personne n'a le droit de rejeter l'autre parce qu'il est différent. C'est vrai aussi que les vrais Français de souche ont du mal à se supporter mutuellement. Ils ne défendent plus la patrie. Ils se disent européens, universels. Pour eux il n'y a plus de frontière mais on ne retrouve pas trace de tout cela dans la vie quotidienne.

Je continue à voyager entre la Métropole et mon vieux département que je vois évoluer un moment dans le bon sens puis, à un autre, dans le mauvais. Je reste très attaché à cette terre qui m'a vu naitre mais je m'interroge beaucoup sur son avenir et celui des hommes et femmes qui y vivent. Le temps qui passe fait son œuvre. On découvre son passé, son histoire petit à petit et on se dit que ça va certainement être mieux.

Sur le plan économique la situation empire. Tout ce qui a été construit patiemment est en train de partir en fumée. Les autochtones investissent très peu, ils laissent faire les amis de la Martinique qui possèdent désormais une bonne partie des commerces, des transports et même la plupart des structures hôtelières. Il faut réagir sinon nous ne serons plus maîtres chez nous. L'Histoire nous a enseigné qu'il convient de savoir maitriser son sol car les problèmes surgissent là ou on ne les attend pas. Je ne veux pas dire que la Guadeloupe doit se refermer sur-elle même et même si elle le veut, ce serait impossible. Elle n'a pas de véritable frontière, elle est entourée par la mer et chacun peut y entrer comme il l'entend. Non, l'important est de se ressaisir, de comprendre qu'il est fini le temps ou l'on se lamentait sur son histoire. Ce temps-là est bien révolu et le monde avance avec ou sans vous.

Il est également important de savoir que nous vivons en permanence sous la menace des cyclones, des tremblements de terre mais nous ne sommes pas les seuls. Ces aléas climatiques sont à intégrer dans notre quotidien. Les antillais qui ont choisi de vivre en Métropole reviennent en vacances mais ils ont fait un choix qui semble définitif, à savoir terminer leur existence sur le territoire loin de la terre de leurs ancêtres. On ne peut le leur reprocher. Ils sont venus là parce qu'il n'y avait pas de travail pour tout le monde à un moment donné et comme tous les autres immigrés, ils ont eu des enfants, qui, eux, malgré les difficultés du quotidien, se sentent bien ici.

Oublions cette immigration massive des antillais vers la Métropole dans les années 1950-1970 pour regarder en face ce qui doit se passer désormais. Il y a, à mon avis, un objectif primordial à atteindre : les jeunes antillais doivent rester et vivre dans leurs départements, même s'il y a des échanges avec la métropole, cela doit se faire sur le plan économique, culturel et social, ce qui est normal puisque nous sommes des régions françaises. En tout cas, ils ne doivent pas venir en Métropole sous prétexte de faire des études et pour y rester finalement, en ne retournant au pays qu'à l'occasion des vacances. Il faut en finir avec cette utopique immigration Outre-mer-Métropole, qui consistait à venir chercher ce que l'on n'a pas chez soi.

La Métropole est en crise. Elle a tendance à se replier sur-elle même et on découvre un rejet massif de l'étranger. Certains me rétorqueront que les Outre-mer font partie du territoire mais ils ne vivent pas ce qu'ils subissent tous les jours. Ils ne sont pas mieux considérés que les autres. Ce sont des étrangers comme les autres. Il convient de ne pas se voiler la face. Il existe une nouvelle donne et la Métropole n'a plus les moyens, comme par le passé, d'accueillir et surtout d'assimiler d'autres immigrés. Si nous voulons éviter les incompréhensions, les rejets, il faut avoir le courage d'expliquer à tous ceux qui pensent venir chercher l'eldorado ici que ce temps-là est bel et bien révolu. N'écoutons pas les intellectuels et les bien-pensants qui vivent tout cela de loin et qui continuent à faire croire que tout est possible. La sagesse aujourd'hui nous incite à devenir réalistes.

Nous devons aider dans la mesure du possible tous ces

demandeurs d'un mieux être chez l'autre à rester chez eux. Sachons payer les matières premières venant de chez eux à leur juste prix et ne soutenons plus tous les dictateurs qui s'enrichissent à leurs dépens. La France doit enfin choisir une autre politique à l'égard des Pays du tiers-monde. On ne fait plus de troc, on impose plus ses choix, on coopère et on aide ces pays à s'en sortir pour qu'ils conservent chez eux leurs compatriotes.

Si tous les hommes de bonne volonté pouvaient se donner la main, je suis convaincu que le monde irait un peu mieux. Voilà ce que l'on appelle un vœu pieux. Des pauvres et des riches il y en aura toujours mais comment accepter qu'il y ait autant de gens qui ne mangent pas à leur faim alors que l'on assiste à un gaspillage sans nom. Dans la vieille Europe, on chiffre ce gaspillage par milliers de tonnes chaque année. J'écris ces quelques lignes sans rancune aucune mais avec la certitude que l'on peut, là ou l'on se trouve, apporter un peu d'espoir à ceux qui n'ont pas la possibilité de crier leur désespoir. Je parle pour les sans voix, ceux qui subissent et qui courbent l'échine. Beaucoup vivent dans la honte, dans la crainte et ne peuvent même pas se plaindre. Et puis ça servirait à quoi de se lamenter.

Quand j'étais en poste en Martinique j'ai beaucoup voyagé dans les iles anglaises. J'ai découvert une population à Sainte Lucie, à Montserrat ou encore à Antigua qui vivait dans un quasi dénuement et les gens ne se plaignaient jamais. Les anglais en se retirant de ces îles ne laissaient pas grand-chose aux habitants. La France et le Canada sont souvent intervenus pour construire un hôpital ici, une route par là et amener de l'eau potable. Ils sont me dit-on moins turbulents que dans les Antilles françaises. Ce sont des enfants gâtés par la Métropole. Ils ont beaucoup « de jouets déjà et en plus ils les cassent ». On comprend aussi pourquoi certains jeunes de ces iles n'hésitent pas à venir tenter leur chance en Guadeloupe ou encore en Martinique. Ils acceptent sans rechigner le travail qu'on leur propose. On se moque d'eux parce qu'ils ne parlent pas le créole. Ils sont résignés parce qu'ils trouvent un mieux par rapport à la situation de chez eux. On dit qu'ils sont responsables de tout ce qui va mal.

10. L'INCOMPRÉHENSION

Se Plaindre mais à qui ? Qui peut nous entendre ? Nous vivons dans un monde de plus en plus sourd. On se protège de tout, on se méfie de l'autre et même de ses propres amis. La famille, elle, a explosé en vol depuis longtemps. Une famille victime, elle aussi, de la société de consommation à outrance : Si tu n'as pas d'argent, tu ne vaux plus rien. Tu es bon à jeter aux orties. Même La jeunesse est prête à tout pour obtenir quelques euros.

Quand je pense, que de mon temps, il fallait pour poursuivre ses études trouver un petit boulot. Tout le monde le faisait et trouvait cela normal. On allait en cours la journée et le soir on travaillait. Disons pour être parfaitement honnête que les choses étaient moins compliquées que maintenant. La vie quotidienne était beaucoup plus simple.

Aujourd'hui nos pauvres petits tendent la main. Tout leur est du. Ils veulent tout obtenir sans aucun effort. Triste réalité dans notre société d'aujourd'hui ou plus rien n'a de valeur. On ne voit plus l'autre ou alors on l'évite. Tout le monde se tourne le dos. L'enfant est devenu le roi, le prince. Il décide de ce qu'il veut manger, de la façon dont il veut s'habiller, il choisit ses jouets et à partir de l'âge de dix ans il commence à traiter ses parents de « vieux ». Les jeunes ont de plus en plus peur des personnes plus âgées qu'eux. On va dire que c'est normal. Ils ne vivent pas, pour la plupart, avec leurs grands-parents qu'ils connaissent peu, qu'ils fréquentent rarement puisque beaucoup partagent leur existence dans des familles recomposées et se retrouvent en crèche avec les petits copains dès leur plus jeune âge. Ils se fabriquent leur monde. Ils ne sont pas responsables ! Ils subissent cet éclatement du cocon familial. Et puis il faut le dire les grands –parents ont envie de vivre leur retraite. Ils voyagent, vont au spectacle et s'adonnent à toute sorte d'activités pour se maintenir en forme. Le portable est venu en rajouter. Dès l'âge de 9/10 ans, ils ont tous un portable collé à l'oreille. Ils passent leur temps à envoyer des sms, à répondre au petit copain qui se trouve à quelques mètres voir quelques kilomètres de là. Plus rien ne compte.

Les parents ont de plus en plus de mal à les faire passer à table, à écouter ce qu'ils ont à leur dire, tout simplement. Les parents ne font plus la loi à la maison. A l'école nous retrouvons le même comportement. Les professeurs n'arrivent plus à faire respecter le silence pour faire leurs cours. C'est terrible mais c'est comme ça. Ce clivage se perçoit dans toutes les couches de la société y compris chez les fils et filles d'immigrés. Les parents, il faut le dire, ont déjà du mal à suivre leur scolarité, comment veux-t-on alors qu'ils arrivent à maitriser le reste.

Pas question de baisser les bras pour autant mais que faire pour tenter de reprendre la main quand l'environnement ne vous aide pas. En tant de crise, on se rend compte plus facilement de ce qui ne va pas dans une société. Les difficultés que l'on tentait de cacher auparavant finissent par éclater au grand jour. Les gens deviennent de plus en plus égoïstes. Ils cherchent à préserver leurs acquis. Ils regardent les autres avec méfiance. Ils se cherchent des boucs émissaires. Du coup, l'étranger, l'immigré devient celui par qui le malheur arrive. « Ce dernier devient le responsable de tout. S'il n'était pas venu s'installer là tout irait mieux c'est, certain ». Ils ont droit à tout gratuitement et nous les vrais Français on a doit à rien mais il faut payer pour eux. Un discours inacceptable en tant que tel, mais comment empêcher que ceux qui vivent dans la difficulté puissent positiver. Déjà quand les choses allaient un peu mieux ils ne pouvaient s'empêcher de regarder dans l'assiette du voisin. Ce voisin qui vient d'ailleurs et qui ne vit pas comme lui.

France, terre d'accueil, terre d'asile, c'était hier. Aujourd'hui, dans un ensemble européen incohérent, elle ne peut plus supporter toute seule le poids d'une immigration qui ne cesse de croître. Pourtant ce n'est pas le pays de l'union européenne ou l'immigré trouve le plus facilement à s'incruster. S'il arrive à entrer en Angleterre ou en Belgique, il pourra se fondre sans difficulté dans la masse. Ce sont des pays plus accueillants sur la place des migrants. Il n'y a qu'à se promener à Bruxelles ou à Londres pour s'en apercevoir. Mais les choses commencent à se compliquer également dans ces pays. Les frontières se ferment et quelquefois on se demande si l'on est bien à Bruxelles et à Londres.

Il faut se rendre à l'évidence tous ces pays, et bien d'autres, sont confrontés à la montée des extrêmes. Une montée en puissance de l'extrémisme qui a de quoi inquiéter les hommes politiques. Ils ne l'ont pas vue venir et les promesses non tenues faites aux électeurs ont fini par exacerber et pousser certains à se tourner vers des partis qui proposent monts et merveilles.

En outre certains immigrés refusent de se fondre dans la laïcité, veulent imposer leur propre loi, se moquent des règles et jouent leur propre partition. Ils ne sont pas majoritaires mais on ne finit par voir qu'eux et cela prend des proportions énormes. Les prisons françaises sont devenues des résidences secondaires pour fils d'immigrés. Ils y entrent et en sortent comme s'il s'agissait d'un hôtel deux étoiles. On dirait que cela les amuse. C'est vrai qu'ils se retrouvent entre eux. Ils font du sport. Ils ont la télé. Ils reçoivent la visite de leurs parents et de leurs amis aux parloirs. Ils sont informés de ce qui se passe à l'extérieur, dans leurs quartiers. Ils sont loin d'être isolés. Ils se retrouvent entre eux et font de nouvelles connaissances qui leur seront précieuses à leur sortie. Se désoler de cet état des faits ne sert à rien. La boucle est bouclée. Tout reprendre à zéro est impossible. Le pli est pris. Il faut tout mettre en œuvre pour sauver ceux qui viennent derrière et qui sont nés français.

Un travail considérable auquel il faut s'atteler si l'on ne veut pas connaitre des lendemains qui déchantent. Les jeunes immigrés et leurs parents ont leur responsabilité dans cette affaire mais, comme l'on ne s'est pas occupé d'eux, ils ont poussé comme ils ont pu. Ils ont retranscrit leur façon de vivre chez eux (bien que dans ces pays, la plupart du temps, il n'y aucune liberté). Cela ne les empêche pas de vivre en bande, sans foi ni loi. Pourtant, comme ils sont sur le sol français et ont opté pour la nationalité française, il convient de les intégrer. Regardons autour de nous et observons l'augmentation du nombre de mariages mixtes. Des enfants métissés naissent de ces unions. Si on n'y prend garde, on risque de faire de ces enfants des déracinés qui iront grossir les rangs de ceux qui rechercheront tôt ou tard une patrie car ils ne seront pas intégrés.

Voilà encore un autre problème qui commence à faire de gros dégâts. Combien sont-ils aujourd'hui en Métropole tous ces enfants issus de ces unions qui déplaisent à la majorité des parents et des grands parents ? On fait semblant d'accepter parce qu'il y a bien sur des enfants, mais on se regarde en chien de faïence, on se tolère pour éviter le pire mais on fait bien ressentir à l'autre qu'il doit rester sur ses gardes. Combien de fois entendons-nous dire à une jeune fille « il va te mettre le voile, tu vas être une femme soumise, il va retourner dans son pays et tu ne reverras plus tes enfants ». Comment peux-tu nous ramener quelqu'un de cette couleur, de cette religion, nous ne t'avons pas élevée de cette façon. Souvent tout cela se vérifie et pas toujours pour le bien des enfants.

Dans le même registre il y a tous ceux qui viennent en Métropole à la recherche d'une « bonne française » afin d'obtenir des papiers. Pensez-vous que l'amour soit au rendez-vous ? Encore un marché de dupes. Et puis n'oublions pas toutes ces femmes blanches qui partent en vacances en Afrique ou au Maghreb et qui ramènent dans leurs bagages un jeune homme avec lequel elle aura juste passé quelques heures ou quelques jours. Comment faire pour parvenir à responsabiliser les uns et les autres. Ce sont des situations connues de tous mais là-aussi on jette un voile pudique par dessus jusqu'au jour ou ça deviendra insupportable parce que la société sera confrontée à des difficultés d'intégration de cette population et surtout des enfants qui naissent de ces unions.

Il faut surtout se rendre à l'évidence. Ces mariages mixtes concernent la plupart du temps une femme de tradition catholique et un musulman. Il serait bon de rappeler de temps en temps que la laïcité repose sur la liberté de conscience, la séparation de l'Eglise et de l'Etat et le libre exercice de tous les cultes et j'ajouterai dans des lieux expressément dédiés pour cela. Quand on accepte de faire un bout de chemin avec l'autre, il convient de le faire en toute connaissance de cause, en cherchant à savoir qui il est et ou veut-il aller surtout dans une relation qui doit durer dans le temps. S'engager à la légère en se disant « on verra bien » est la meilleure façon de tomber dans le piège qui automatiquement va se refermer sur vous et vos proches.

La France terre de tolérance. Est-ce toujours le cas ? Tout le monde peut voir que ça craque de partout. Prenons l'exemple du sport ou normalement nous devons tous nous retrouver sur la même longueur d'onde même s'il doit y avoir une certaine émulation. Qu'entend-t-on désormais ? « Il y a trop de noirs, trop d'arabes, trop d'étrangers dans ces équipes, il faut donner un coup d'arrêt à cette excroissance, ce trop-plein dans les centres de formation devient inquiétant». Pendant très longtemps le football et bien d'autres activités sportives restaient encore le seul endroit protégé ou chacun avait sa chance. Les parents immigrés poussaient leurs enfants à adopter ces disciplines car, disaient-ils, « au moins là si tu arrives à faire quelque chose, ce sera ta réussite et non pas celle d'un autre. On viendra t'acclamer pour ce que tu as fait ».

Mais depuis que l'argent-roi est entré dans le sport et surtout dans le foot, tout le monde veut en faire en oubliant que l'on ne s'improvise pas sportif de haut niveau d'un coup de baguette magique. Il y a des années en arrière, on entendait dire « Les noirs, ils sont forts en sport et pour cause, ils ne savent faire que cela. Ils passent leur temps dès leur plus jeune âge à courir derrière un ballon », ce qui n'est pas tout à fait vrai. Ils vivent souvent là où il y a de l'espace et courir, s'amuser, est un peu leur quotidien. Ce qui peut expliquer aussi pourquoi le lien social est beaucoup plus développé chez eux et pourquoi la violence est moins présente. Aux Antilles la violence est arrivée avec la drogue. Depuis qu'elles sont devenues plaque tournante pour les trafiquants, Les Outre-mer vivent sous pression. Les habitants ne sont pas rassurés. Ils ont peur pour leurs enfants et pour leur bien. Ils sont obligés de tout boucler alors qu'avant ils vivaient avec les portes ouvertes. On ne fermait jamais les maisons. Hélas, de nos jours, le nombre de cambriolages a augmenté d'une façon folle et personne n'est à l'abri. Il n'est pas rare de voir des gens se faire attaquer dans les rues et sur les places en plein jour. Comme en Métropole, nous vivons les mêmes problèmes, mais avec un certain décalage. Depuis quelques années nous assistons à un nombre impressionnants de règlements de compte entre dealers et vendeurs de drogue.

L'intégration des immigrés dans les départements et territoires d'Outre-mer nous pose les mêmes difficultés. Les gens pensent trouver chez nous ce qu'ils n'ont pas chez eux. Ils ne savent pas que nous vivons avec des taux de chômage très élevés et que beaucoup vivent avec le RSA, le revenu minimum d'insertion. Les zones de campagne jusque-là épargnées, connaissent le même phénomène. Je crois qu''il y a un souci dont on n'ose parler par peur d'être traité de raciste, de frileux ou d'empêcheur de tourner en rond et pourtant c'est l'évidence même : le seuil de tolérance est atteint dans les villes et les communes urbaines. Il existe en Métropole des quartiers ou sont concentrés un nombre impressionnant d'immigrés et de fils d'immigrés. Certains français de souche qui résident encore là se disent : « nous sommes où là ?». Leur plus grand désir :"abandonner ce que certains appellent ''le ghetto''.

Ces gens reconstruisent leur village et vivent avec leur tradition, donnant l'impression d'être anti-français (ce qui est vrai dans certains cas). Cette situation-là, les français ne le supportent pas d'autant qu'ils viennent vous narguer et déambuler dans les rues des centres villes sans respecter les règles du vivre ensemble. Ils crachent, hurlent, dansent, menacent et n'hésitent pas à voler dans les commerces ce qui leur plaisent. Evidemment on peut lire la haine dans les yeux de ceux qui les croisent. Les gens n'en peuvent plus. Ils veulent que ça change.

Les hommes politiques de droite comme de gauche qui gouvernent sont bien conscients de ces difficultés. Ils temporisent, tentent de calmer le jeu, évitent pour certains de jeter de l'huile sur le feu mais rien n'y fait. Ils doivent agir vite désormais et prendre des mesures urgentes. La situation est devenue explosive. Il faut toujours avoir présent à l'esprit que la Métropole doit rester une et indivisible. Elle ne peut tout accepter. Ce laissé – faire a déjà des conséquences graves. Les français se détournent des urnes, ils s'arment, ils cherchent à s'installer là ou règne encore une certaine tranquillité. Les parents refusent dès qu'ils le peuvent, de mettre leurs enfants dans les écoles fréquentées par les fils et petits fils d'immigrés, à cause des incivilités et aussi de ce langage haut en couleur et surtout très imagé. L'emploi des termes « civique » et « civisme » a totalement disparu des cours. La France semble connaitre ce que les Antilles-Guyane ont connu en leur temps : les békés contre les mulâtres, les mulâtres contre les noirs et langue française contre le créole. Mais ici ce sont les immigrés contre les français, la langue française contre toutes sortes de langues. Ne nous voilons pas la face. Nous avons une grande responsabilité dans la situation vécue aujourd'hui par les immigrés et les assimilés de tout bord. Nous avons loupé volontairement ou involontairement des étapes dans l'éducation de nos descendants d'un coté comme de l'autre. Certains d'entre eux adoptent une attitude de provocation. Ils veulent se retrouver qu'entre eux. Ils inventent un langage qui leur est propre. Ils s'organisent pour dégrader le bien d'autrui et celui de la société qu'ils rejettent. C'est leur façon de rejeter la culture française, occidentale, de dire « Nous existons et vous devez nous accepter tel que nous sommes ».

Quel programme pour l'avenir ? En réalité l'Etat Français n'est pas responsable de tout, l'école de la République non plus. Chacun, à son niveau, a essayé à un moment ou à un autre de faire un pas, mais si la famille n'accompagne pas et, si pire encore, elle se referme sur elle-même, alors là tout est cassé et les morceaux ne se recollent plus. Le ressort ne tient plus et il n'y a pas de retour en arrière possible. Comme disent beaucoup d'entre nous pour tenter de se dédouaner : « ils sont là, que fait-on ? ». Arrêtons aussi de faire les étonnés lorsque finissent par sortir de certaines réunions privées, de certains centres d'affaires et de certaines rencontres, des propos qui s'apparentent au racisme. Il faut toujours appeler un chat un chat. Tout le monde sait qu'il y a des problèmes d'assimilation, d'intégration dans ce pays mais on continue de faire comme si. On évite d'en parler en public, on chuchote, on a peur d'être montré du doigt.

Je le dis haut et fort, La métropole n'est pas un pays

xénophobe. Il y a des français et c'est une minorité qui refuse la présence de l'autre en disant que ces gens-là seraient mieux chez eux. Pourquoi viennent-ils nous « emmerder » ici ? Il y a une autre minorité qui rejette l'étranger par ignorance, par peur. Enfin il y a ceux qui les accusent de tous les maux pour en faire un commerce politique. L'effort commun de mixité, d'égalité de chance dont la Métropole a pu longtemps s'enorgueillir est en train de s'effriter. Le contexte national tendu, marqué par une perte de confiance dans les hommes politiques, fait que les arrière-pensées des uns et des autres apparaissent au grand jour.

Désormais on voit associer la couleur de la peau, ou l'origine géographique, à des caractéristiques physiques et cela semble choquer certains mais cela s'est toujours fait sans que cela se sache et ne soit révélé au grand jour. Il y a toujours eu des réalités économiques, culturelles et sociales vécues sur le mode de la racialisation, de l'ethnicisassions. La France des années 2000 a évolué. Les questions d'immigration, de laïcité, d'identité et de discrimination sont devenues beaucoup plus prégnantes. Il ne suffit plus d'avoir la nationalité française pour être perçu comme faisant partie de la nation et pourtant selon les statistiques un français sur trois a un parent ou un arrière-grand parent immigré. Ce qui signifie qu'un bon tiers de la population française tire son origine d'autres nations comme par exemple L'Afrique, le Maghreb, l'Europe de l'Est et du Sud. Pour les élites dirigeantes et ceux qui font l'opinion le mot « immigré » ne semble plus désigner le résident étranger mais le citoyen français issu de l'immigration. Une sorte de différenciation sournoise entre les français qui se déclinent selon un code : Français de souche, Français de papiers et Français d'origine étrangère.

Le constat est donc limpide : un Français d'origine africaine ou Maghrébine, jadis sujet français, est sujet à caution de nos jours. Il est bon de se rappeler que la France a été le premier pays occidental à créer la carte d'identité nationale obligatoire. Le principe de cette carte d'identité a été instauré par le régime de Vichy en 1940. Il convient de dénoncer aussi aujourd'hui le réseau Twitter derrière lequel certains petits malins se cachent pour lancer des conversations qui virent souvent au concours de blagues racistes, antisémites voir misogynes.

On se rend bien compte qu'il y a des gens en Métropole qui sont prêts à tout pour rejeter l'étranger et tout est utilisé pour qu'ils parviennent à leur fin. Certes des lois existent pour bannir les propos racistes et antisémites mais il semble bien difficile de les faire appliquer. Twitter n'a pas l'intention de se conformer aux lois des pays dans lesquels il opère. Il prône l'autorégulation et s'abrite derrière la constitution américaine qui glorifie la liberté d'expression. Nous en sommes là et les racistes et autres antisémites ont un boulevard devant eux pour continuer à attiser la haine de l'autre.

Quand à l'Europe, qui aujourd'hui, se barricade dans la hantise de voir déferler des hordes de réfugiés, elle a été dans l'histoire le plus gigantesque pourvoyeur d'immigrés sur les cinq continents. Il convient de noter que le statut d'immigrant est un état temporaire qui cesse dès que l'immigré s'installe dans son nouveau pays surtout s'il en prend la nationalité. Ils sont quand même six millions d'étrangers établis durablement en France.

Ce constat effectué, que s'est-il passé en Guadeloupe, en Martinique, en Guyane et ailleurs, une fois que la

France a décidé de mettre fin à l'esclavage ? Les hommes de bonne volonté ont cherché à se rapprocher pour trouver des solutions adaptées à la situation. Les autres ont poursuivi un combat stérile pour empêcher tout rapprochement, provoquant ainsi pendant de très nombreuses années une guerre de tranchées entre, d'un côté les partisans de l'indépendance à l'égard de la Métropole et, de l'autre, les favorables à l'assimilation.

Depuis, le temps a fait son œuvre. La départementalisation a calmé les esprits sans pour autant gommer tous les problèmes et les Antillais ont fini par admettre qu'aucun pays ne peut vivre sans le concours de l'autre. Nous sommes dans un environnement national et international qui nous donne la possibilité de nous ouvrir à l'autre. Nous dépendons bien sûr des choix économiques faits par la France et par l'union européenne, ce qui ne nous empêche pas de travailler, de commercer avec nos voisins immédiats dans la Caraïbe. Si nous voulons poursuivre notre développement économique, nous devons arrêter de nous regarder le nombril et de tout reprendre en main avec l'aide de nos amis métropolitains. Ils ne sont pas nos ennemis même si certains d'entre eux n'ont toujours rien compris des liens qui nous unissent. Nous vivons la même situation en Métropole. Il nous faut nous interroger sur nos forces et nos faiblesses.

Pourquoi avoir sacrifié notre agriculture, notre production de canne a à sucre ? Les bananeraies sont-elles en train de prendre le même chemin ? Nous n'avons jamais pu installer une raffinerie pour le sucre de canne dans nos iles. Nous nous étonnons de tout importer et de constater que la vie est beaucoup plus chère qu'en métropole. Mais qu'avons-nous fait sur place pour éviter cela ? Pas grand-chose. Nous nous sommes couchés devant les dictats d'abord en acceptant de payer des droits de douanes puis l'octroi. L'assistanat dans lequel on nous a installés y est pour beaucoup mais qu'attendons-nous pour réagir ? Prendre conscience de nos capacités à faire, à proposer et à construire, voilà peut-être le courage qui nous manque. La métropole doute, la mondialisation effraie et la crainte de voir les jeunes vivre moins bien que nous est dans tous les esprits. L'assistanat a fait des ravages dans les populations d'Outre-mer. On a tout attendu de la Métropole et on a passé beaucoup trop de temps à nous plaindre. Nous devons nous ressaisir si nous voulons nous relever.

Il est vrai que l'on nous a très longtemps empêchés de nous assumer totalement avec des statuts, des lois aménagées et l'impossibilité pour nous de faire de vrais choix en nous liant pieds et poings à la Métropole et à la communauté européenne sur le plan économique. Aux Antilles nous avons aussi des problèmes liés à l'immigration et l'on peut se poser la même question qu'en métropole. Pourquoi les immigrés sont-ils devenus l'enjeu d'un débat envahissant ? Ils focalisent sur eux calculs électoralistes, surenchères partisanes, frustrations populaires et pulsions racistes. Qui en Guadeloupe, en Martinique, en Guyane ou ailleurs n'a jamais entendu dire que les Dominicains, les Surinamiens ou encore les Haïtiens sont responsables de tous nos maux. Ce qui s'exprime c'est moins la haine ou le mépris de l'étranger que le refus de vivre ensemble.

En métropole nous sommes considérés comme des immigrés, nous devrions donc avoir une attitude plus conciliante à leur égard. Nous devrions savoir mieux que quiconque ce que représente l'abandon de son île pour aller travailler ailleurs, mais nous restons sourds à la souffrance de ces étrangers qui nous arrivent de la Caraïbe.

A force de naviguer entre divers ports d'attache en France, aux Antilles et ailleurs, le Domien fait figure d'exilé moderne. Un peu étranger à sa langue maternelle, un peu étranger à l'idée d'appartenir à une seule et même nation, il choisit plutôt une appartenance ambigüe à l'Occident, au Pacifique et à l'Amérique du nord et du sud. Le racisme latent, désagréable en fonction de l'actualité, il le connaît et il balance entre le nomadisme et l'errance. Doit-il pour autant se résigner et courber l'échine ? Je ne le crois pas. Il a des ressorts pour se relever et repartir mais à une condition : toujours se rappeler d'où il vient. « L'homme debout, comme disait très justement une femme politique de la Guadeloupe, c'est celui qui fait face à son destin ». Personne ne peut dire que l'Antillais passe son temps à demander à la Métropole des comptes sur l'esclavage en permanence. Il ne passe pas cela sous silence, bien au contraire. Mais il vit avec, non pas comme un boulet, mais plutôt comme un espoir face à son avenir.

Depuis quelques années, l'Antillais qui prend l'avion pour se rendre en Métropole le fait volontairement. Il vient, soit pour visiter, découvrir la mère patrie, soit pour travailler mais en toute connaissance de cause ou encore pour faire des études supérieures. Fini le temps ou l'on débarquait à Orly ou Roissy en pensant découvrir le paradis. Ceux qui vivent et travaillent ici ont bien fait passer le message. Personne ne vous attend avec en poche le passeport qui vous ouvre toutes les portes. Les temps sont durs pour tout le monde.

Le vivre ensemble est devenu le mot de passe de ces

années 2000. Faire coexister ensemble des populations qui aujourd'hui n'ont rien en commun, c'est l'enjeu majeur de demain. Chacun arrive avec sa religion, ses traditions ancestrales et tente de reconstituer sur le territoire français son « petit bout de paradis. » La laïcité reste le maitre mot. La République s'occupe du public et les religions du privé. Cette différence de tempo ne semble pas convenir à un petit nombre d'individus et c'est là que l'on découvre l'ampleur du fossé qui sépare les uns des autres. On importe ce que l'on est et on cherche à l'imposer à l'autre. Ce phénomène se retrouve partout.

On ne vient plus seulement chercher un « plus social » pour s'en sortir et nourrir sa famille. Ce temps-là semble bien révolu. Voilà le défi qui attend les politiques de tout bord s'ils ne veulent pas voir ce coin de liberté voler en éclats sous les coups de butoir de ceux qui entendent imposer à la République leur tempo. J'entends dire comme beaucoup d'autres sur le territoire que la France est finie. Certains vont jusqu'à annoncer que ce sont les musulmans qui prendront le contrôle du pays. J'ai aussi entendu plusieurs fois des fils et filles d'immigrés me dire :"nous sommes chez nous désormais, rentres chez toi".

C'est oublié un peu vite que la Métropole a connu des jours bien plus difficiles et que la Patrie s'est toujours relevée. Annonce-ton plutôt une nouvelle « guerre de religion » tout en refusant de se prononcer clairement ? Redisons simplement que la France est la fille ainée de l'église catholique. Ce n'est pas parce que les chrétiens français fréquentent de moins en moins les églises, ou encore les temples qu'ils sont en train de basculer pour autant dans l'inconnu. Ils restent fondamentalement attachés à la laïcité.

Si après mai 1968, on avait pris soin de ne pas tout

balancer pour vivre en toute liberté, on n'en serait peut-être pas là, on a décidé de tout laisser faire, plus de contrainte, chacun fait ce qui lui plait. Le résultat aujourd'hui il est bel et bien là : plus de repères et plus de respect pour qui que soit. La France n'est plus un pays de villages. Dans certains départements désormais la moitié de la population change tous les dix ans. On ne vit plus, on ne pense plus, comme dans la France d'il y a cinquante ans. Cela ne sert à rien de passer son temps à le regretter. Nous devons nous adapter à ces évolutions. Il y a de la solidarité pour venir en aide à ceux que la société abandonne sur le bord de la route. Ils viennent de tous les horizons. Les bénévoles ne font pas de différence ils font tout pour tenter de soulager les uns et les autres avec le peu de moyen qu'ils ont. On dit qu'en France en cette année 2014 plus de 150 000 personnes dorment dans la rue et la pauvreté ne cesse de prendre de l'ampleur.

Que faire ? Taxer les plus riches. Prendre l'argent là ou il se trouve comme disent certains. Pas si simple. Demander plus aux gens qui en ont plus est un principe républicain qui parait normal. Le vrai problème, c'est de voir des riches échapper à l'impôt en se payant, parce qu'ils en ont les moyens, les conseils d'avocats fiscalistes. On est sidéré de voir que le montant de la fraude et de l'évasion fiscale correspond au budget de la sécurité sociale. L'Outre-mer a aussi permis à certains d'échapper au fisc. On peut s'interroger sur le sens du bien commun dans notre pays. Je suis intimement convaincu que les Antilles et la Métropole ont à écrire ensemble une nouvelle page de leur histoire commune. J'aimerais que mes amis métropolitains se donnent la peine d'aller à la rencontre de ces antillais qui vivent à coté d'eux et qu'ils apprennent à se parler et à se redécouvrir.

11. CONCLUSION

Pour conclure cet ouvrage, je veux rendre hommage à deux illustres personnages qui m'ont fasciné pendant mon adolescence. J'ai découvert, très jeune, Monsieur le marquis de la Fayette au cours d'un voyage aux Etats-Unis. Je devais avoir douze voir treize ans. A mon retour en Guadeloupe au petit séminaire j'ai recherché tous les ouvrages le concernant. Son histoire m'a fait aimer la France et je n'ai cessé depuis de lire, que dis-je, de dévorer tout ce qui concerne la grande Histoire de ce pays. Dans ma tête de gamin je n'ai pas arrêté de me demander pourquoi cet aristocrate libéral, héros de la guerre d'indépendance des Etats-Unis, s'est ensuite battu contre l'esclavage en allant jusqu'à utiliser son propre argent. Monsieur de la Fayette va jusqu'à acheter une grande exploitation en Guyane française pour se livrer à des essais pour l'émancipation des esclaves. Monsieur de la Fayette est même le premier blanc à émanciper un esclave noir : il s'agit de James Armistead qui en signe de reconnaissance aurait accolé le nom de son ancien maitre au sien. Monsieur le marquis de la Fayette aurait même proposé au président Georges Washington d'abolir l'esclavage mais ce dernier aurait refusé.

L'autre personnage, qui a retenu toute mon attention, est le pasteur baptiste afro-américain Martin Luther King. Cet infatigable militant pour les droits civiques des noirs aux Etats-Unis avait pour moi quelque chose de surréaliste : dans un pays où les noirs étaient encore cantonnés dans des quartiers réservés, où règne la ségrégation raciale, où votre vie était menacée si vous ne respectiez pas les interdits, ce pasteur s'est levé pour organiser et diriger des actions pour défendre avec vigueur le droit de vote des noirs, la désagrégation et l'emploi des minorités ethniques. Martin Luther King, qui s'est battu pour la dignité de tous, nous a montré la voie. Son message était : « Vivre libre et en paix partout où nous nous retrouvons tout en respectant l'autre ». Il a été assassiné parce qu'il menait ce combat-là.

Je dirai si aujourd'hui les Etats-Unis se retrouvent avec un président noir à sa tête c'est bien grâce au combat mené en son temps par Martin Luther King. Certains n'acceptent toujours pas que l'homme qui ne lui ressemble pas en tout point soit libre. On voit encore dans le monde des hommes se faire piétiner et mourir parce qu'ils n'ont pas le bon faciès. On découvre chaque jour que les extrémistes de tout bord ne reculent devant rien pour tenter d'imposer leur loi aux autres. On peut se dire que si tous les hommes de bonne volonté se levaient pour enfin dire non à la guerre, aux violences, à la haine, au repli sur soi, nos sociétés seraient certainement plus humaines et plus apaisées. Ce sont des vœux pieux, serais-je tenter de dire. On ne voit rien dans le monde actuel qui pourrait faire basculer les choses dans un sens plus propice à l'humanité. L'argent-roi mène le monde et pourrit tout sur son passage. Le noyau dur de la finance entend dicter sa loi aux Etats et au monde entier. Qui ose aujourd'hui encore parler de partage des richesses ? Ceux, et ils sont peu nombreux, qui osent prononcer ce mot, sont traités d'utopistes. Cela veut-t-il dire que l'on peut accepter de vivre en cherchant le bonheur à travers l'argent ? Je n'ai pas la réponse mais une chose est désormais bien actée : le monde est devenu fou. Cette affirmation fait partie de notre quotidien. Nous entendons dire partout que notre civilisation est menacée et si les nations ne se lèvent pas pour la défendre nous risquons de nous retrouver les uns contre les autres. Interrogeons-nous sur l'avenir de notre planète et essayons d'imaginer ce qu'il adviendra de la terre dans un siècle avec tout ce que nous lui avons administré. Faisons cet exercice en oubliant nos petites et grandes mesquineries. Pour une fois, soyons honnêtes avec nous-mêmes et ne pensons plus à l'autre.

L'AUTEUR

EDNARD PYRÉE

Né à Capesterre de Marie-Galante dans une famille d'agriculteur de dix enfants, Ednard Pyrée a suivi sa petite scolarité à l'école publique avant de rejoindre le petit séminaire de Gourbeyre en Guadeloupe.

Après le bac, il continue ses études supérieures en métropole et prépare une thèse en théologie, puis s'ensuit un stage au centre de formation des journalistes à Paris. Chevalier et Officier de l'ordre National du Mérite, Ednard Pyrée, est désormais Journaliste Honoraire après avoir travaillé à France Inter, Radio Antilles, Sud Radio et France 3. Une carrière de reporter, de présentateur et de rédacteur en Chef. Il a écrit un essai avec Lucien Bardonne, ancien évêque de Chalons en Champagne « Sous la mitre, un croyant » et un autre avec l'ancien recteur de la basilique de l'épique, Albert Mathieu qui s'intitule « Avec ou sans épine ».

Depuis juillet 2010 il collabore au journal « catholiques dans le Loiret » et dans le journal « les liens d'Orléans ». Parallèlement à toutes ces activités, l'été, il donne des conférences à l'université des seniors à Paris.